DISTRITO FEDERAL
paisagem, população & poder

DISTRITO FEDERAL
paisagem, população & poder

Marília Luiza Peluso

geógrafa, formada pela Universidade Federal de Santa Catarina. Obteve o título de mestre em Planejamento Urbano pela Faculdade de Arquitetura e Urbanismo da Universidade de Brasília e o título de doutora em Psicologia Social pela Pontifícia Universidade Católica de São Paulo. É professora do Departamento de Geografia, da UnB, e desenvolve pesquisas sobre temas urbanos e regionais.

Washington Candido de Oliveira

licenciado em Geografia pelo Centro Universitário de Brasília, Faculdade de Ciência e Educação. Mestrando em Geografia pela Universidade de Brasília (UnB), Departamento de Geografia.

Editora HARBRA

Direção Geral:	Julio E. Emöd
Supervisão Editorial:	Maria Pia di Pia
Edição:	Sílvia Ricardo
Revisão Técnica:	Thalis Almeida Campos Perez
Revisão de Texto:	Maria Lúcia G. Leite Rosa
Arte, Editoração Eletrônica	
& Projeto Gráfico:	Uenderson Rocha
Capa:	Uenderson Rocha
Imagens:	Washington Candido
Assistente Editorial:	Mônica Roberta Suguiyama
Impressão e Acabamento:	Donnelley Moore

Dados Internacionais de Catalogação na Publicação (CIP)
(Câmara Brasileira do Livro, SP, Brasil)

Peluso, Marília Luiza
  Distrito Federal: paisagem, população & poder /
Marília Luiza Peluso, Washingtom Candido de
Oliveira. -- São Paulo : HARBRA, 2006.

  ISBN 85-294-0315-0

  1. Distrito Federal (Brasil) - Geografia.
  2. Distrito Federal (Brasil) - História I. Oliveira,
Washington Candido de. II. Título.

	CDD-918.174
05-9507	-981.74

  Índices para catálogo sistemático:
  1. Distrito Federal : Geografia   918.174
  2. Distrito Federal : História 981.74

DISTRITO FEDERAL: Paisagem, População & Poder

Copyright © 2006 por editora HARBRA ltda.
Rua Joaquim Távora, 629 – Vila Mariana
04015-001 – São Paulo – SP
Promoção: (0.xx.11) 5084-2482 e 5571-1122 | Fax: (0.xx.11) 5575-6876
Vendas: (0.xx.11) 5549-2244, 5571-0276 e 5084-2403 | Fax: (0xx.11) 5571-9777

ISBN **85-294-0315-0**

Impresso no Brasil   *Printed in Brazil*

Sumário

Apresentação

Caro leitor,

As imagens de Brasília que percorrem o país apresentam uma cidade relacionada ao poder, distante e fria, o que demonstra desconhecimento dos processos espaciais, econômicos e sociais que ocorreram e ocorrem na Capital Federal. Preocupa-nos a pouca informação sobre Brasília não só entre os moradores da cidade, mas principalmente entre os brasileiros em geral. Por isso, o presente livro pretende contribuir para uma melhor compreensão desse espaço urbano dinâmico, contraditório e conflituoso, construído no planalto central brasileiro.

Nossa intenção é resgatar a gênese de Brasília e seu território imediato, o Distrito Federal, apresentando as concepções do urbanismo modernista que influenciaram o projeto de Lúcio Costa, passando pela fundação da cidade, a construção dos núcleos habitacionais, o desenvolvimento da agricultura, até o momento atual, em que se avolumam problemas sociais e ambientais. Nosso desafio é analisar os processos e as relações sociais que constituíram os espaços na nova Capital sem nos deixar levar pelo pessimismo das expectativas que não se concretizaram, nem pelo otimismo vazio dos que não querem ver a realidade.

Queremos mostrar que Brasília não é somente a Esplanada dos Ministérios, lugar de tomada das decisões nacionais, mas que a dinâmica da sociedade criou outros espaços igualmente importantes e diversificados. Se Brasília só pode ser entendida como a sede dos Três Poderes da República, ela é mais do que uma cidade política e mais do que o Plano Piloto, com suas formas arrojadas. O jogo das relações sociais construiu, ao longo de quatro décadas, diferentes lugares, onde vivem pessoas comuns, com seus desejos e esperanças, suas alegrias e decepções, exatamente como em outras cidades brasileiras.

As semelhanças não podem ser evitadas, porque a nossa sociedade inscreveu-se, com suas práticas, no território da nova cidade. Assim, à medida que prédios, superquadras e avenidas retilíneas saíam do papel, também se formaram invasões, áreas empobrecidas, os rios foram poluídos e a natureza, degradada.

Pretendemos levar os leitores, brasilienses ou não, a conhecer a Capital Federal, para que entendam a complexidade dinâmica da vida urbana pela compreensão desse caso particular e possam intervir positivamente em suas próprias realidades. Cremos sinceramente que os problemas só podem ser superados com conscientização de todos e a emergência de novas práticas sociais.

Os autores

Introdução

Brasília, inaugurada em 21 de abril de 1960, nasceu de uma escolha política e se desenvolveu balizada por um modelo arquitetônico inovador, pela ruptura com o passado e pelo mito do progresso.

A fundação e o planejamento de novas cidades capitais são práticas que vêm de muito longe. As civilizações antigas já planejavam suas capitais: Akhenaton, no Egito Antigo; Madri, no século XVI; Versalhes, no século XVII; Washington, no século XIX, são exemplos mais recentes de cidades planejadas. Chandigarth, capital dos estados indianos de Pundjab e Hariana, foi projetada em 1951 por Le Corbusier. No Brasil, Aracaju, Teresina e Belo Horizonte datam do século XIX, enquanto no Centro-Oeste, Goiânia, fundada em 1933, antecedeu Brasília.

Situada no território do Distrito Federal, Brasília foi idealizada para se instalar às margens do lago artificial Paranoá, local em que poderia crescer tranqüilamente até atingir entre 500 mil e 700 mil habitantes no ano 2000, quando se expandiria pelas penínsulas e por cidades-satélites, como proposto por Sir William Holford, um dos membros do júri que escolheu o Plano Piloto de Lúcio Costa.

Entretanto, cidades-satélites foram criadas antes da inauguração do centro urbano, a ocupação das penínsulas fez-se simultaneamente à instalação do Plano Piloto e, no ano 2000, a Capital havia atingido a cifra de 2.051.146 habitantes. Frente a essas realidades, as perguntas que se pretende responder são três: como isso ocorreu? Por intermédio de quais processos? Quais os problemas acarretados?

A importância de Brasília para o País não está somente no fato de ser sua Capital, centro administrativo e palco dos acontecimentos políticos nacionais. Brasília é hoje uma metrópole que enfrenta problemas comuns às grandes cidades, como a degradação ambiental e a maneira precária em que grande parte de sua população vive.

Para compreender a transformação de Brasília e do Distrito Federal – dos parâmetros inicialmente idealizados – para a realidade atual, dividimos a obra em 6 capítulos. No primeiro, faremos um passeio geográfico pelo Distrito Federal, mostrando seus aspectos físicos fundamentais. No segundo, analisaremos os processos históricos, sociais e econômicos da transferência de Brasília, abordando os precursores da mudança, o projeto arquitetônico de Lúcio Costa e o significado da interiorização da Capital da República. No terceiro, será detalhado o processo de organização territorial do Distrito Federal urbano e rural, com a criação das cidades-satélites, o surgimento dos loteamentos irregulares e a expansão para os municípios limítrofes. No quarto capítulo, serão estudados aspectos importantes da população, do emprego e da renda no Distrito Federal, mostrando a mobilidade espacial da população e sua importância territorial. No quinto capítulo, será feito o estudo do meio ambiente do Distrito Federal e levantados os problemas ambientais decorrentes da ocupação humana, assim como as medidas preservacionistas e conservacionistas adotadas pelo governo federal e local. O último capítulo apresentará nossas considerações finais, a importância e as conseqüências do tombamento do Plano Piloto.

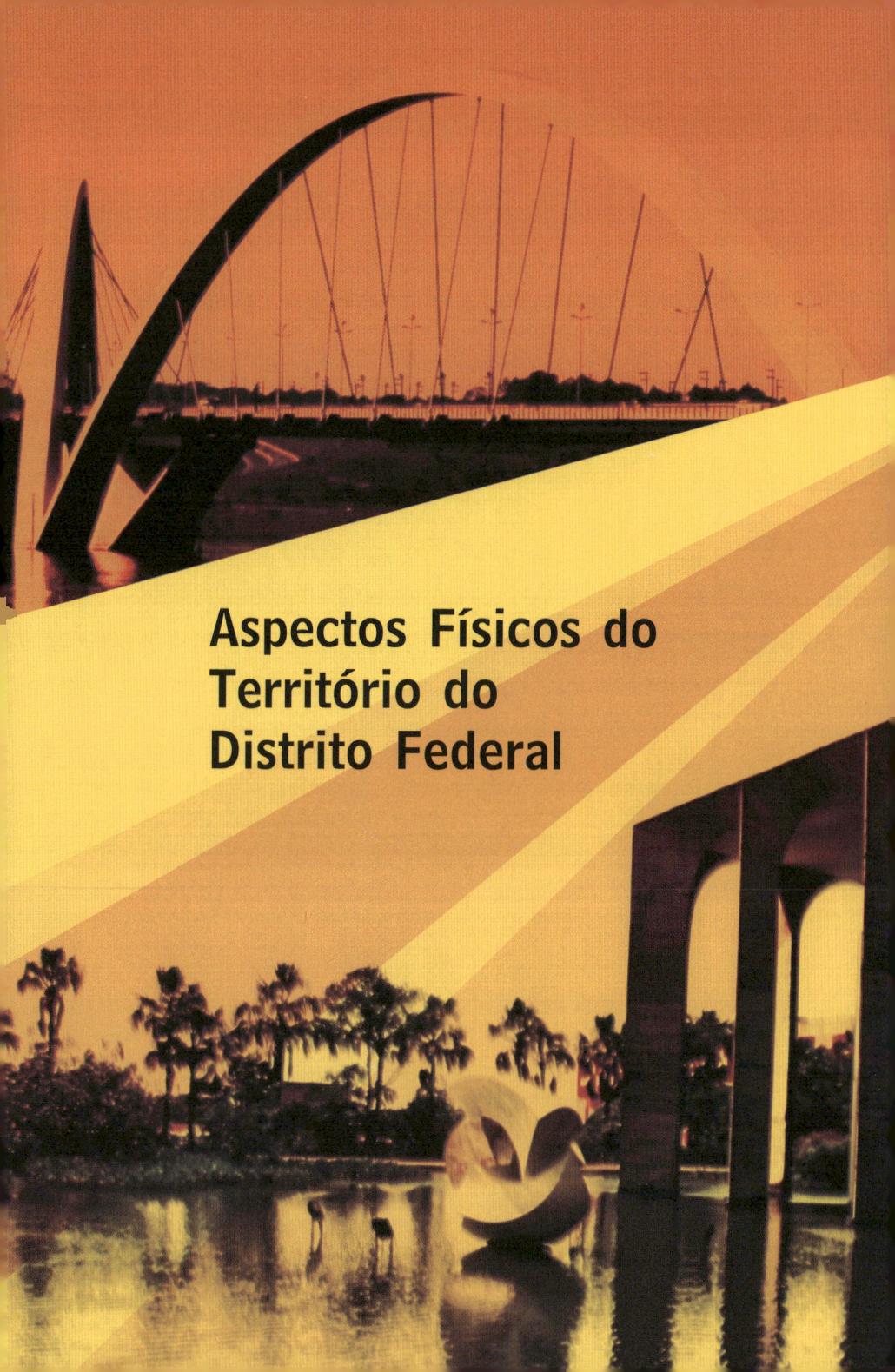

Aspectos Físicos do Território do Distrito Federal

capítulo # UM

ASPECTOS FÍSICOS DO TERRITÓRIO DO DISTRITO FEDERAL

O Distrito Federal, com uma área de 5.789,16 km², está localizado na Região Centro-Oeste entre os paralelos de 15°30' e 16°03' de latitude sul e os meridianos de 47°25' e 48°12' de longitude WGR (Oeste do Meridiano de Greenwich). Os limites naturais a leste e a oeste são, respectivamente, os rios Preto e Descoberto. Ao norte e ao sul, o quadrilátero é limitado por duas linhas paralelas.

O Distrito Federal faz fronteiras com os seguintes municípios:

- ao **norte**: Formosa, Planaltina de Goiás e Padre Bernardo;

- ao **sul**: Santo Antônio do Descoberto, Novo Gama, Valparaíso de Goiás, Cidade Ocidental e Cristalina;

- a **leste**: Cabeceira Grande e Formosa;

- a **oeste**: Padre Bernardo, Águas Lindas de Goiás e Santo Antônio do Descoberto.

Com exceção do município de Cabeceira Grande, que se encontra no estado de Minas Gerais, os outros pertencem ao estado de Goiás (veja mapa 1 – RIDE).

GEOMORFOLOGIA DO DISTRITO FEDERAL

A área do Distrito Federal está compreendida pelo Planalto Central Goiano, na qual se encontram as maiores cotas altimétricas da Região Centro-Oeste. Em função delas, divide-se a área do Distrito Federal em quatro compartimentos geomorfológicos: pediplano de Contagem-Rodeador, pediplano de Brasília, depressões interplanálticas e planícies aluviais e alveolares (veja mapa 2 – GEOMORFOLOGIA).

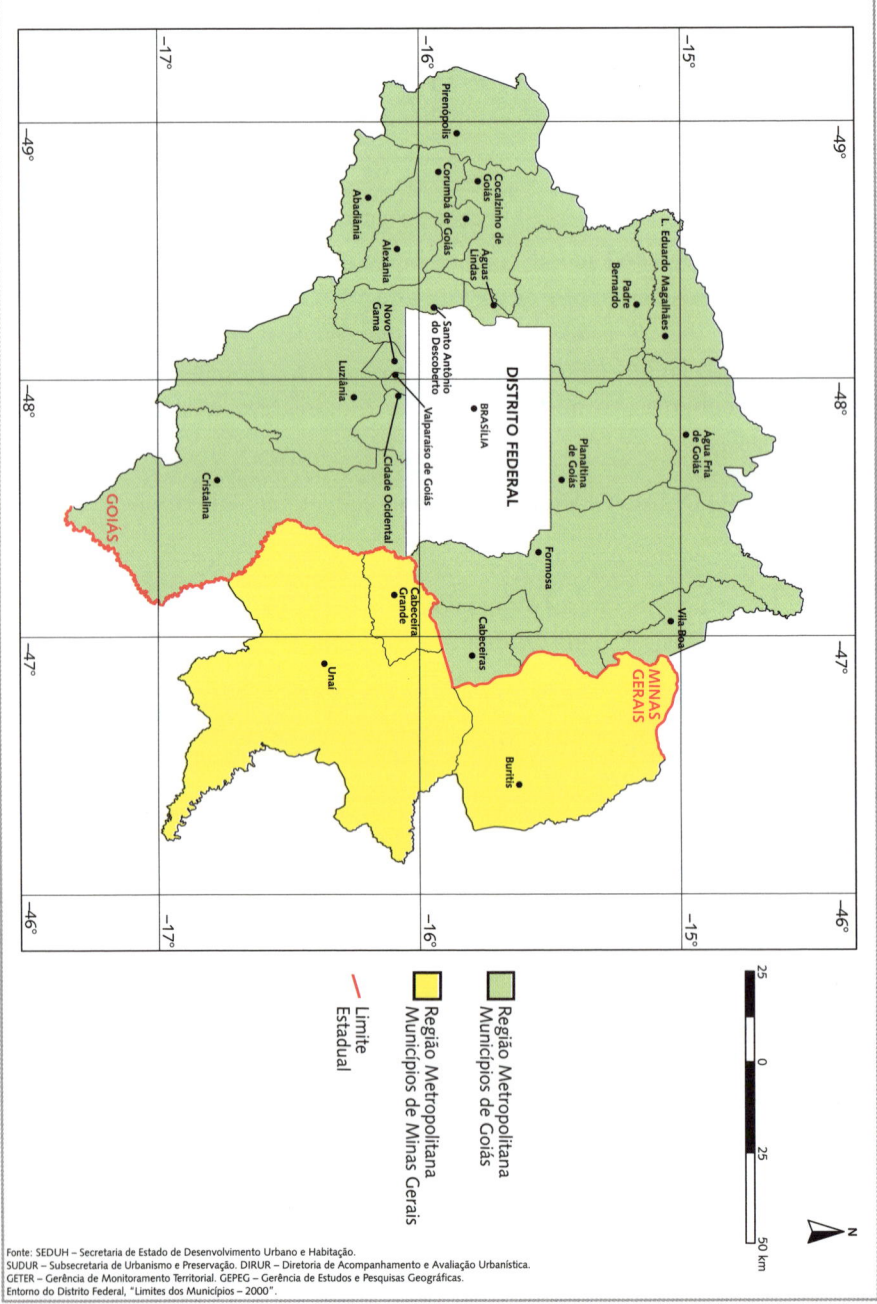

Legenda:
- Limite Estadual
- Região Metropolitana Municípios de Minas Gerais
- Região Metropolitana Municípios de Goiás

Escala: 25 – 0 – 25 – 50 km — N

Fonte: SEDUH – Secretaria de Estado de Desenvolvimento Urbano e Habitação.
SUDUR – Subsecretaria de Urbanismo e Preservação. DIRUR – Diretoria de Acompanhamento e Avaliação Urbanística.
GETER – Gerência de Monitoramento Territorial. GEPEG – Gerência de Estudos e Pesquisas Geográficas.
Entorno do Distrito Federal, "Limites dos Municípios – 2000".

MAPA 2 — DISTRITO FEDERAL – GEOMORFOLOGIA

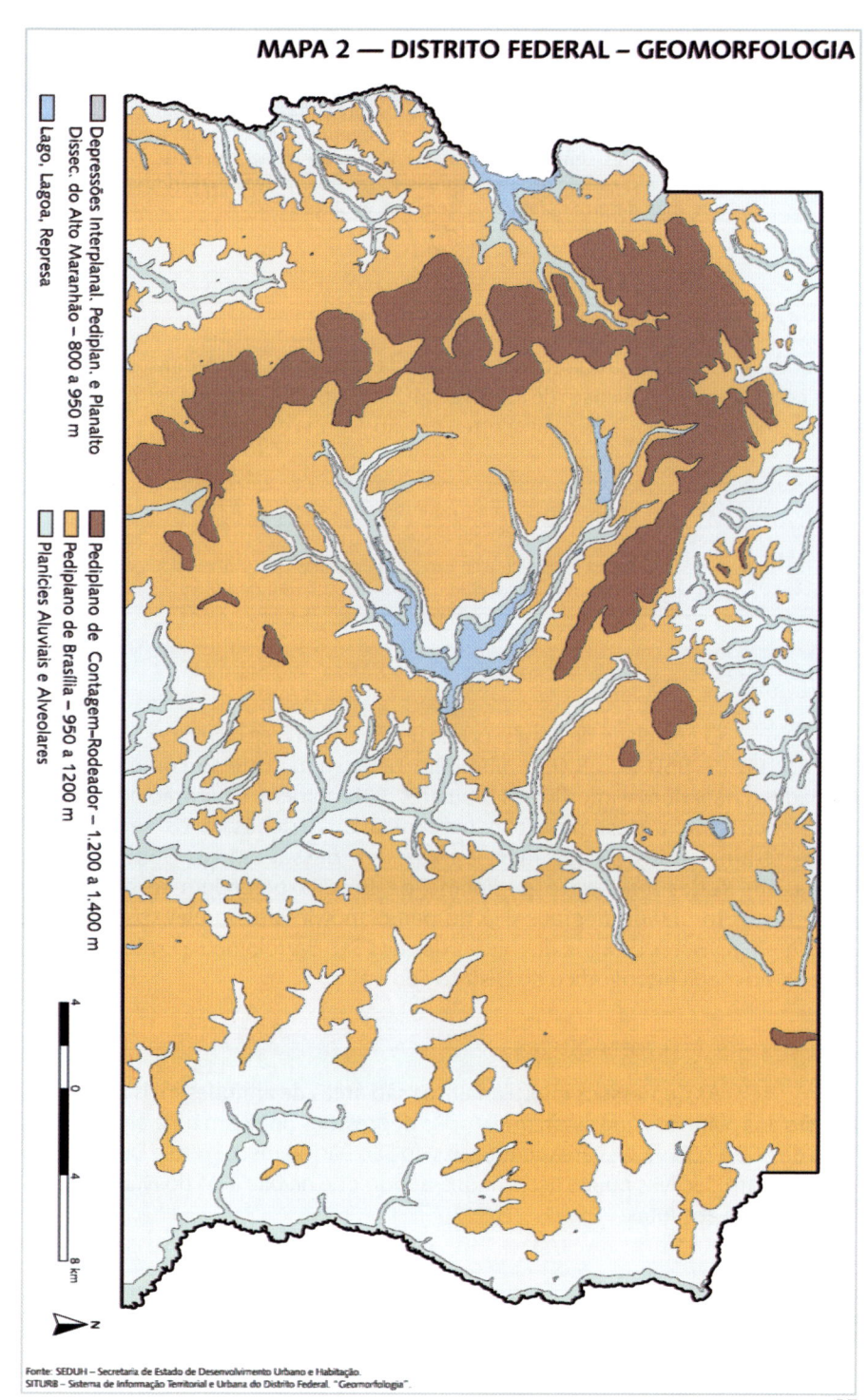

Depressões Interplanal. Pediplan. e Planalto Dissec. do Alto Maranhão – 800 a 950 m

Lago, Lagoa, Represa

Pediplano de Contagem-Rodeador – 1.200 a 1.400 m

Pediplano de Brasília – 950 a 1200 m

Planícies Aluviais e Alveolares

N

Fonte: SEDUH – Secretaria de Estado de Desenvolvimento Urbano e Habitação.
SITURB – Sistema de Informação Territorial e Urbana do Distrito Federal. "Geomorfologia".

Pediplano de Contagem-Rodeador

É nessa área que aparecem chapadas, chapadões e interflúvios tabulares, cujas cotas altimétricas variam de 1.200 a 1.400 m. No conjunto do Distrito Federal, é a superfície mais antiga na qual ocorreu erosão própria de clima seco.

Os interflúvios são ondulações do relevo que separam os vales, constituindo-se em pequenas colinas.

Os pediplanos são grandes superfícies de erosão modeladas nos climas áridos quentes e semi-áridos, que se localizam entre trechos montanhosos.

Pediplano de Brasília

O pediplano de Brasília ocupa uma extensa área com cotas altimétricas que variam de 950 a 1.200 m. Também predominam nesse compartimento chapadas, chapadões e interflúvios tabulares. O fenômeno de erosão ocorreu em clima seco com a desagregação mecânica das rochas, e os sedimentos depositaram-se nas partes mais baixas. Na passagem do pediplano de Contagem-Rodeador para o pediplano de Brasília percebem-se diferenças altimétricas, formando degraus. Há no pediplano de Brasília elevações que se constituem divisores de água das bacias dos rios São Bartolomeu e Preto, como se observa no mapa hidrográfico do Distrito Federal.

Depressões Interplanálticas

As depressões interplanálticas são áreas de altitudes mais baixas em relação aos planaltos que as circundam. As depressões possuem uma altitude que varia de 800 a 950 m. Nas áreas das bacias do São Bartolomeu, Preto e Descoberto, predominam declives pouco acentuados, sendo que na bacia do rio Maranhão as vertentes são abruptas.

Depressão: área ou porção do relevo situada abaixo do nível do mar (depressão absoluta), ou abaixo do nível das regiões que lhe estão próximas (depressão relativa).

Planícies Aluviais e Alveolares

Correspondem às porções mais baixas do relevo do Distrito Federal, com formações sedimentares recentes, em que os sedimentos transportados pelos rios depositam-se em suas margens (veja mapa 2 – GEOMORFOLOGIA, pág. 17).

> Planície: extensão de terreno mais ou menos plano onde os processos de agradação ou de acumulação superam os de degradação ou de erosão.
> Nas áreas de planície, a topografia é caracterizada por apresentar superfícies pouco acidentadas, sem grandes desnivelamentos relativos.

HIDROGRAFIA DO DISTRITO FEDERAL

Bacias Hidrográficas

> Define-se uma bacia hidrográfica como uma área de topografia determinada, banhada por um rio principal e seus afluentes, formando um sistema integrado de cursos d'água. As águas continentais escoam e formam redes de drenagem, cujos cursos d'água, por sua vez, formam bacias hidrográficas ou bacias de drenagem.

A qualidade e a quantidade das águas foram fatores importantes para a determinação do local onde seria construída a Capital do Brasil. Já em 1892, quando foi feita uma análise da área em que hoje está Brasília, no relatório de conclusão da Missão Exploradora do Planalto Central, o chefe da comissão, Luiz Cruls, assim se expressou:

> (...) O sistema hidrográfico da zona demarcada é, com efeito, de uma riqueza tal que qualquer que seja o lugar escolhido para edificação da futura Capital, encontrar-se-á sem grandes dificuldades, água suficiente para abastecê-la à razão de 1.000 litros diários por habitante.

O Distrito Federal é drenado pelas águas de quatro bacias, que por sua vez alimentam as grandes bacias dos rios Paraná, Tocantins-Araguaia e São Francisco (veja mapa 3 – HIDROGRAFIA). São elas:

a) a bacia do Maranhão, que drena suas águas para a bacia do Tocantins-Araguaia;

b) a bacia do rio Preto, que faz parte da bacia do rio São Francisco;

c) as bacias do São Bartolomeu e Descoberto, que fazem parte da bacia do rio Paraná.

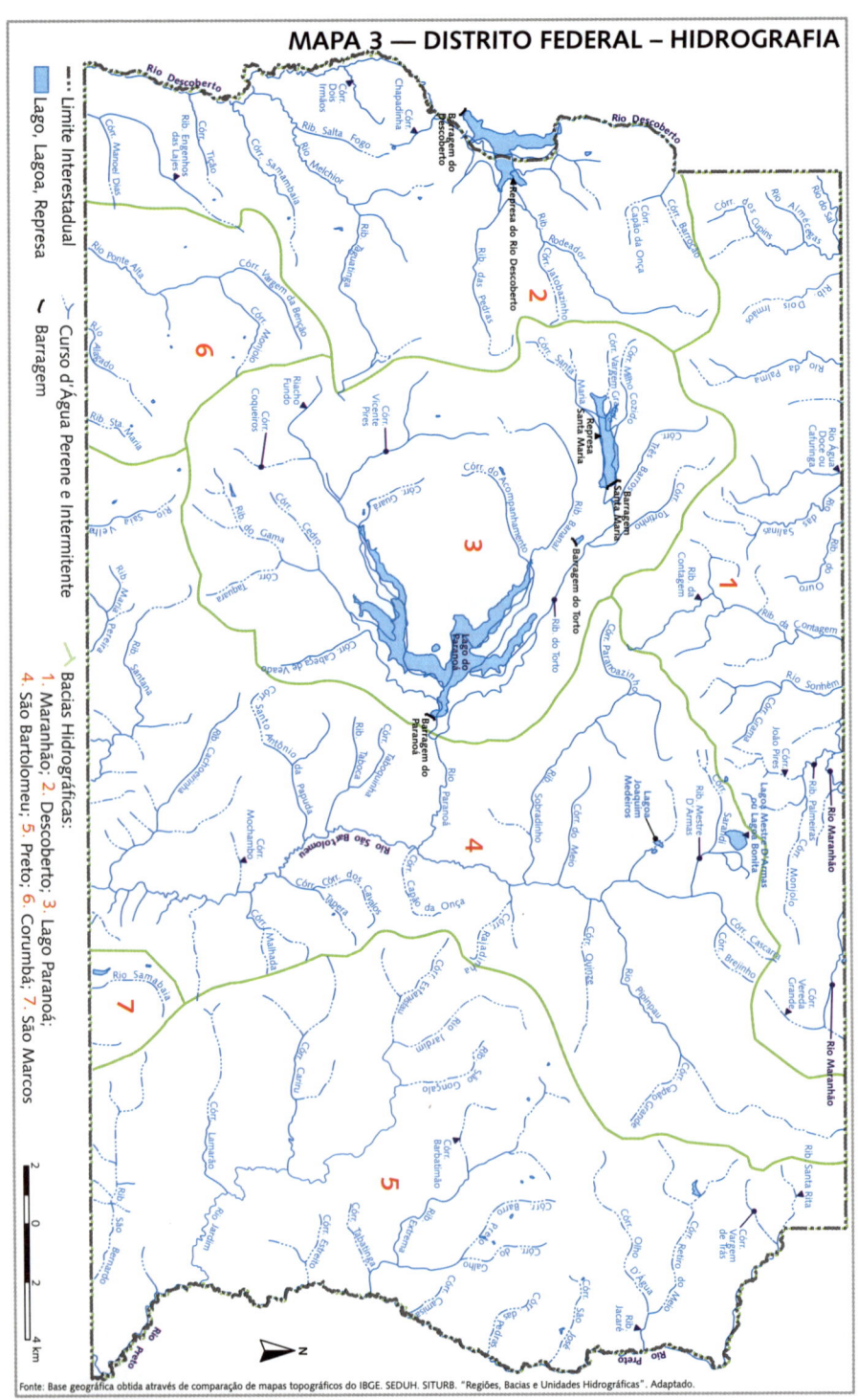

MAPA 3 — DISTRITO FEDERAL – HIDROGRAFIA

Limite Interestadual

Lago, Lagoa, Represa

Curso d'Água Perene e Intermitente

Barragem

Bacias Hidrográficas:

1. Maranhão; 2. Descoberto; 3. Lago Paranoá;
4. São Bartolomeu; 5. Preto; 6. Corumbá; 7. São Marcos

Fonte: Base geográfica obtida através de comparação de mapas topográficos do IBGE. SEDUH. SITURB. "Regiões, Bacias e Unidades Hidrográficas". Adaptado.

Águas Emendadas

O fenômeno "Águas Emendadas" deve-se ao fato de os córregos Brejinho e Vereda Grande possuírem uma mesma nascente com origem em um mesmo lençol freático. Seguindo a inclinação do terreno, as águas do córrego Brejinho correm para o rio Paraná e as do Vereda Grande, para o rio Tocantins (veja mapa 4 – ESECAE).

Lagoas e Lagos

No interior do quadrilátero do Distrito Federal existem apenas duas lagoas naturais: lagoa Bonita (antiga Mestre d'Armas) e a lagoa Joaquim Medeiros, próxima a Planaltina.

Os lagos existentes são artificiais e foram formados a partir do represamento de alguns córregos e rios:

a) o **lago de Santa Maria** foi formado a partir do represamento dos córregos Santa Maria e Milho Cozido;

b) o **lago Descoberto** formou-se a partir do represamento do rio Descoberto, córrego Rodeador e ribeirão das Pedras. As águas desses dois lagos são utilizadas para o abastecimento das localidades próximas;

c) o **lago Paranoá**, criado em 1959 como uma moldura do Plano Piloto de Brasília e com finalidades de recreação e paisagismo, é o resultado do represamento das águas dos rios Paranoá, Acampamento, Bananal, Torto, Cabeça do Veado, Gama, Vicente Pires e Riacho Fundo. Ao longo da história do lago, houve alterações em suas características físicas, químicas e biológicas.

O assoreamento é um problema grave do lago Paranoá, conseqüência da ocupação desordenada das margens de seus rios tributários. Outro problema é a eutroficação cultural do lago, que recebe grande quantidade de esgotos não tratados. No final dos anos setenta, o aparecimento de grande quantidade de um tipo de algas do grupo denominado de verde-azuladas levou o governo do Distrito Federal a institucionalizar um programa para controlar e reduzir o processo de eutroficação. O programa teve como elemento básico a ampliação e modernização das Estações de Tratamento de Esgotos Sul (em 1993) e Norte (em 1994), às margens do lago, bem como o tratamento de todos os esgotos produzidos dentro da bacia.

SAIBA MAIS

Quando o homem faz aumentar a erosão do solo ou introduz no meio ambiente quantidade de matéria orgânica (esgoto urbano e esgoto industrial) em proporções não assimiláveis, a rápida acumulação desses materiais pode levar à destruição do ecossistema lacustre. A expressão Eutroficação Cultural tornou-se muito comum para traduzir a poluição orgânica resultante da atividade humana. O desenvolvimento explosivo de alguns tipos de algas tem sido uma das expressões mais marcantes do processo.

MAPA 4 — DISTRITO FEDERAL – ESTAÇÃO ECOLÓGIICA DE ÁGUAS EMENDADAS (ESECAE)

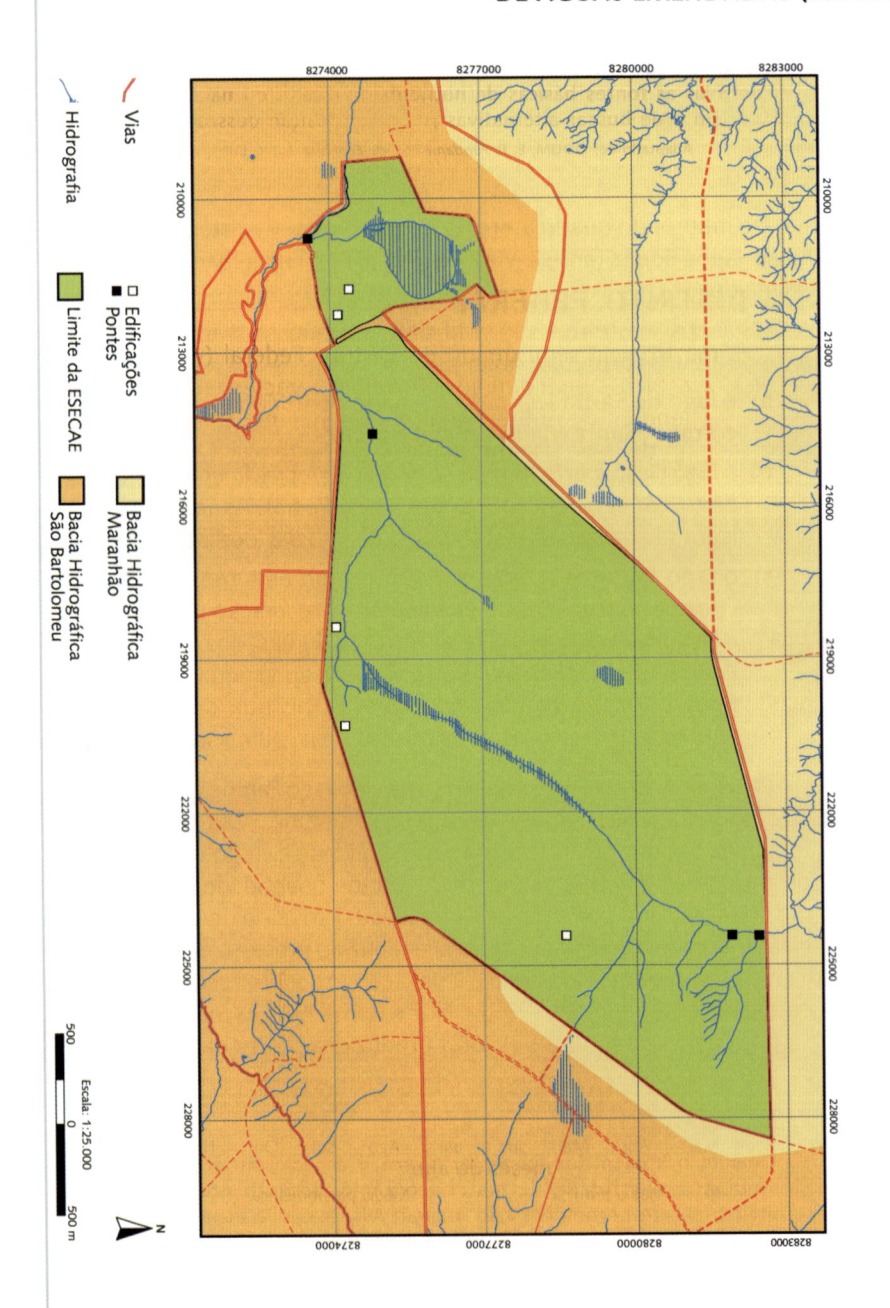

Fonte: UTM – Meridiano Central 45° SICAD 05, 06 – 125000. CODEPLAN, 1998.
SEMARH – Secretaria de Meio Ambiente e Recursos Hídricos. GDF – Governo do Distrito Federal.

À medida que a população urbana aumenta, o escoamento superficial da bacia hidrográfica carrega crescente quantidade de nutrientes originários de esgotos, além de detergentes, fertilizantes, lixo e outros subprodutos, dejetos da ocupação humana, provocando a poluição orgânica de lagos e rios. Entre as estratégias desenvolvidas no sentido de controlar os efeitos da eutroficação, destaca-se o esforço continuado não somente de controlar as fontes básicas de nutrientes pontuais ou não pontuais, mas também o de buscar alternativas para a disposição desses nutrientes.

Adaptado de: ODUM, E. P. *Fundamentos de Ecologia*. 6. Ed. Lisboa: Fundação Calouste Gulbenkian, 927 p.

CLIMA DO DISTRITO FEDERAL

O clima tropical semi-úmido do Distrito Federal (veja mapa 5 – CLIMA) possui duas estações bem definidas: o verão, caracterizado por período de chuvas que se estendem de outubro a abril, e o inverno, caracterizado por secas que se estendem de maio a setembro.

Há uma tendência natural de secas rigorosas já que, no inverno, a porção central do Brasil fica sob influência da Massa Polar Atlântica (mPa). O ramo da mPa que chega à parte central do país perde e ganha qualidades, isto é, perde umidade e ganha temperatura. A perda de umidade explica as baixas umidades relativas nos meses de julho, agosto e setembro no Distrito Federal. Observe o climograma do Distrito Federal (gráfico 1).

GRÁFICO 1 — DISTRITO FEDERAL – Climograma de clima tropical alternadamente seco e úmido com chuva de verão, para o período de 1999 a 2004 (à exceção de 2003)

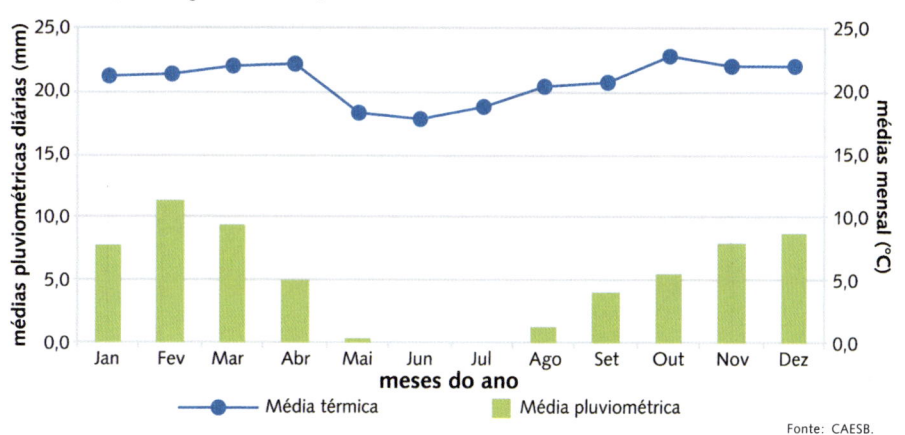

Fonte: CAESB.

De outubro a abril, temos a estação chuvosa – 80% do total de chuvas anuais no Distrito Federal concentram-se nesse período. A umidade relativa do ar é sensivelmente elevada, bem como a temperatura. É importante observar

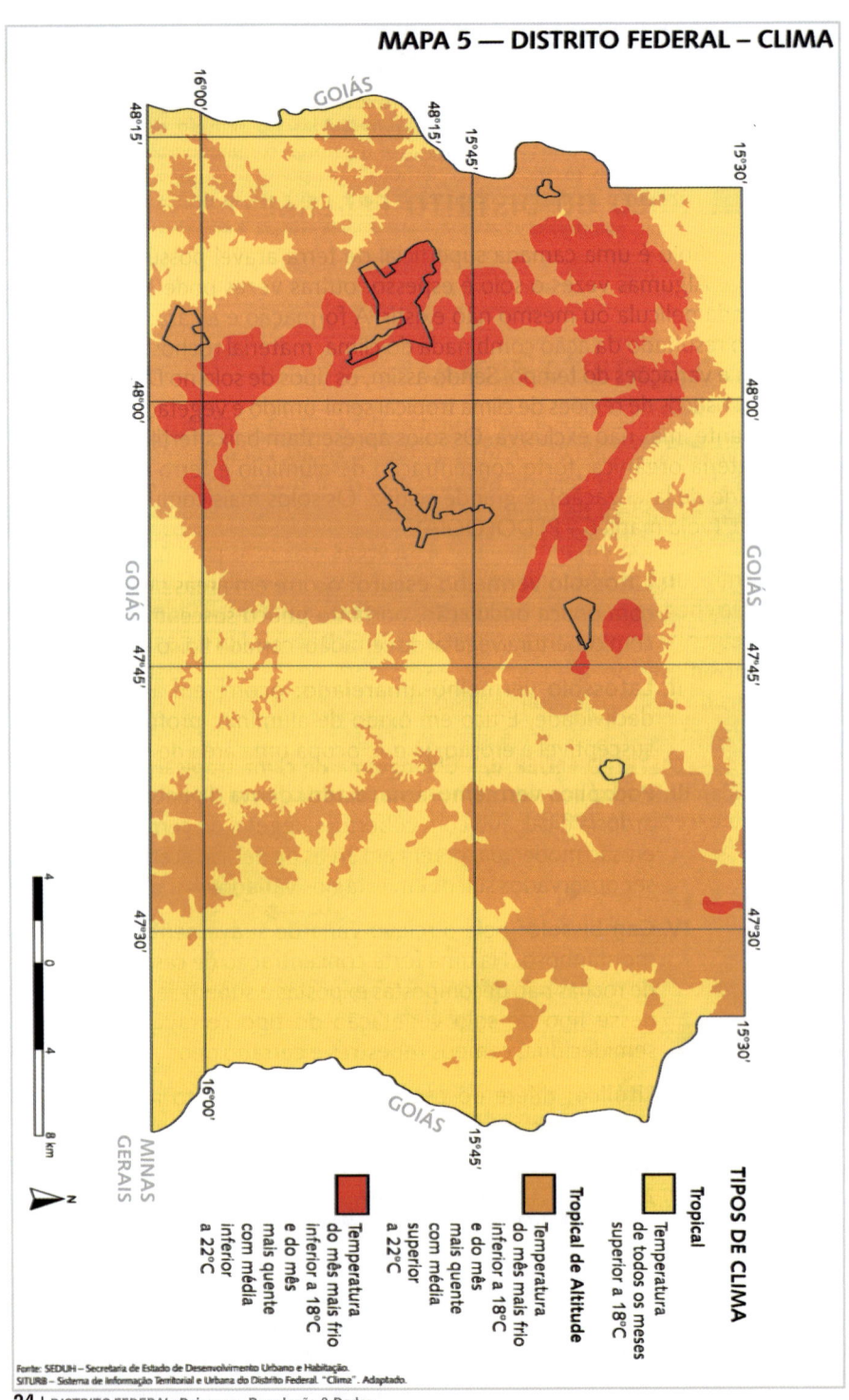

MAPA 5 — DISTRITO FEDERAL – CLIMA

TIPOS DE CLIMA

Tropical

Temperatura de todos os meses superior a 18°C

Tropical de Altitude

Temperatura do mês mais frio inferior a 18°C e do mês mais quente com média superior a 22°C

Temperatura do mês mais frio inferior a 18°C e do mês mais quente com média inferior a 22°C

Fonte: SEDUH – Secretaria de Estado de Desenvolvimento Urbano e Habitação.
SITURB – Sistema de Informação Territorial e Urbana do Distrito Federal. "Clima". Adaptado.

que mesmo tratando-se de um período chuvoso pode ocorrer o que se denomina comumente de "veranico", isto é, um curto período de estiagem durante a época das chuvas.

TIPOS DE SOLO DO DISTRITO FEDERAL

Solo é uma camada superficial de terra arável possuidora de vida microbiana. Algumas vezes o solo é espesso, outras vezes pode ser reduzido a uma delgada película ou mesmo não existir. A formação e a caracterização dos solos são o resultado da ação combinada do clima, material rochoso, seres vivos, topografia e variações do tempo. Sendo assim, os tipos de solo no Distrito Federal são característicos de regiões de clima tropical semi-úmido e vegetação de cerrado predominante, mas não exclusiva. Os solos apresentam baixa fertilidade natural, pouca matéria orgânica, forte concentração de alumínio e ferro (um processo denominado de laterização), e grande acidez. Os solos mais comuns do Distrito Federal são (veja mapa 6 – PEDOLOGIA):

I. **Latossolo vermelho-escuro:** ocorre em áreas de relevo plano com pouca ondulação, portanto pouco susceptível à erosão e com cobertura vegetal de cerradão, cerrado típico e cerrado ralo;

II. **Latossolo vermelho-amarelado:** ocorre em área de pouca declividade. É rico em óxido de alumínio, profundo e pouco susceptível à erosão, já que ocupa uma área de relevo plano;

III. **Podzólico vermelho-amarelado:** deriva da decomposição da ardósia e calcário com cobertura vegetal de cerradão. Solo de erosão moderada, porém em áreas de declive acentuado podem ser observados sulcos em estágios variados;

IV. **Cambissolo:** nele o relevo varia de suavemente ondulado a montanhoso. Há uma forte concentração de cascalho e partes de rochas não decompostas expostas à superfície. Encontramos nesse tipo de solo vegetação do tipo cerradão, vegetação semidecídua, campos rupestres e cerrado ralo;

V. **Litólico:** difere do cambissolo por ser muito menos desenvolvido, portanto considerado um solo novo com uma camada que constitui um horizonte de solo muito superficial;

VI. **Aluvial:** extremamente raso, desenvolve-se a partir de sedimentos fluviais com pouca susceptibilidade à erosão;

VII. **Hidromorfo:** há excesso de umidade, que pode ser permanente ou temporária, devido à superficialidade do lençol freático que o encharca em algumas épocas do ano. É um solo pouco desenvolvido, em que podemos encontrar veredas e matas ciliares;

MAPA 6 — DISTRITO FEDERAL – PEDOLOGIA

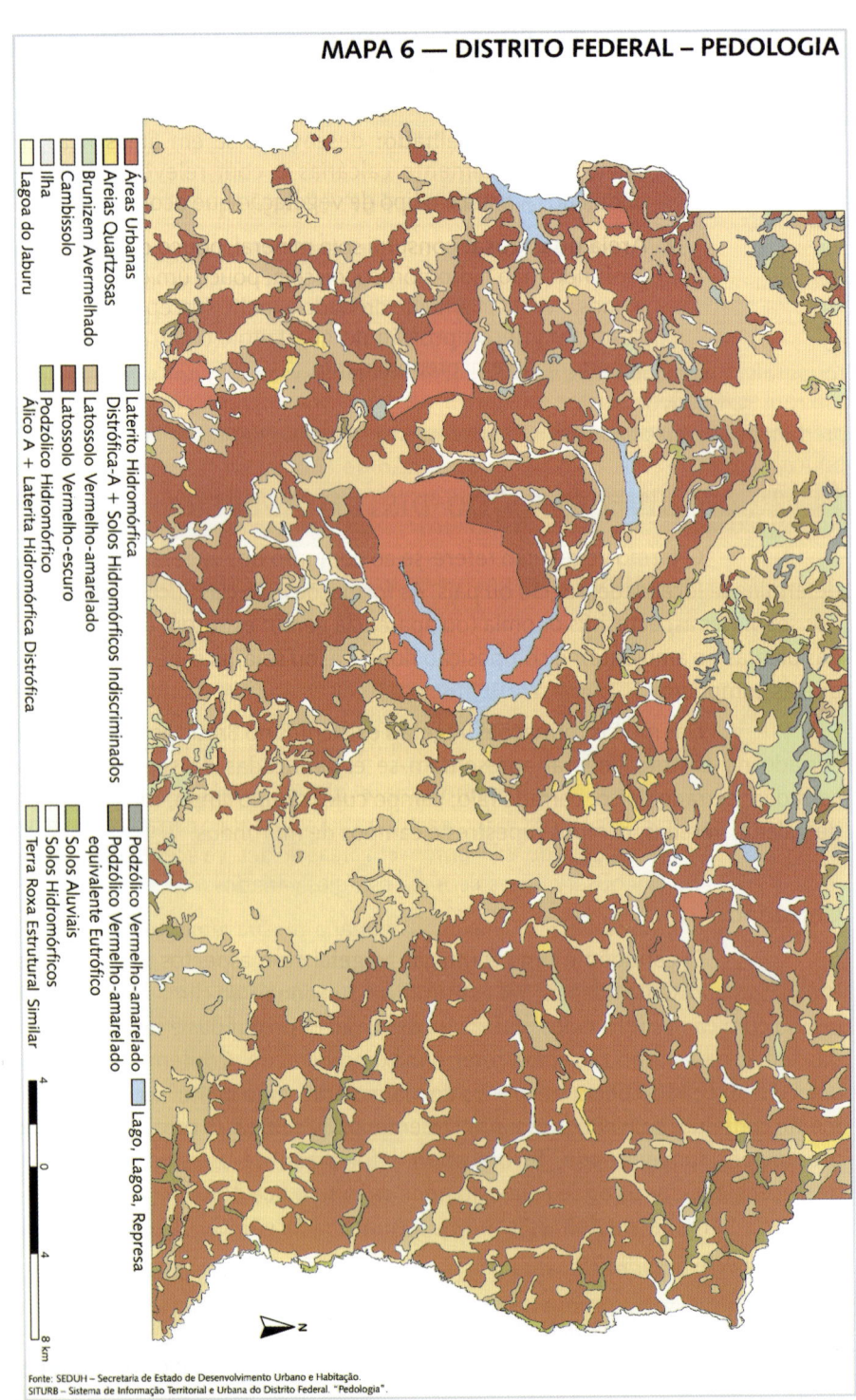

Legenda:

- Áreas Urbanas
- Areias Quartzosas
- Brunizem Avermelhado
- Cambissolo
- Ilha
- Lagoa do Jaburu
- Laterito Hidromórfica
- Distrófica-A + Solos Hidromórficos Indiscriminados
- Latossolo Vermelho-amarelado
- Latossolo Vermelho-escuro
- Podzólico Hidromórfico
- Álico A + Laterita Hidromórfica Distrófica
- Podzólico Vermelho-amarelado
- Podzólico Vermelho-amarelado equivalente Eutrófico
- Solos Aluviais
- Solos Hidromórficos
- Terra Roxa Estrutural Similar
- Lago, Lagoa, Represa

Fonte: SEDUH – Secretaria de Estado de Desenvolvimento Urbano e Habitação.
SITURB – Sistema de Informação Territorial e Urbana do Distrito Federal. "Pedologia".

VIII. Terra roxa estrutural similar: ocorre em áreas de relevo fortemente ondulado e montanhoso, com vegetação semidecídua. Desenvolve-se a partir da decomposição do calcário;

IX. Brunizem avermelhado: desenvolve-se em áreas ricas em cálcio, principalmente calcárias e com relevo fortemente ondulado. A mata é o tipo de vegetação que ocorre neste solo;

X. Areia quartzosa: constitui solo mineral, pouco desenvolvido, profundo, não hidromórfico, ou seja, pouco úmido, de textura arenosa, excessivamente drenado e muito susceptível à erosão. Resulta da decomposição do quartzito e o cerrado típico é a cobertura vegetal predominante.

FORMAÇÕES VEGETAIS DO DISTRITO FEDERAL

O termo vegetação refere-se ao conjunto dos vegetais que cobrem determinada localidade, região ou país. As formações são classificadas com base nos seguintes aspectos: fisionomia (ou aparência geral); estrutura (ou disposição das plantas no ambiente); e composição florística, ou seja, as espécies de plantas que as compõem.

Das muitas formações vegetais existentes no Brasil, as formações do cerrado no Distrito Federal apresentam-se estratificadas da seguinte forma: cerradão; cerrado típico; cerrado ralo; campo cujo; campo limpo; matas ciliares e de galeria; veredas, campos rupestres e campos de murundus.

Cerradão

O cerradão é uma formação vegetal com aspectos xeromórficos, isto é, que apresenta adaptações estruturais e funcionais ao clima tropical semiúmido com caules retorcidos, cascas grossas, raízes profundas e perda de parte das folhas na estação seca para reter o máximo de água. Contém espécies que ocorrem no cerrado típico e espécies de matas. Apresenta dossel predominantemente contínuo, com cobertura arbórea entre 50% e 90%. O porte dos vegetais proporciona luminosidade, favorecendo a formação de estratos arbustivos e herbáceos. Nos locais onde a luz não penetra, o solo fica descoberto ou coberto por uma camada de folhas e húmus (matéria orgânica decomposta por microrganismos e fungos).

Dossel: cobertura contínua de copas de árvores que se tocam em uma floresta.

Os solos do cerradão são profundos, drenados, de fertilidade média e baixa. Apresenta uma ligeira acidez e podem estar sobre latossolos vermelho-escuros ou vermelho-amarelados. O teor de matéria orgânica nos horizontes superficiais é resultado da decomposição de folhas durante a estação seca, o que conduz a uma melhor fertilidade (veja foto 1).

FOTO 1 — DISTRITO FEDERAL – Jardim Botânico de Brasília – 2005
(Foto: Washington Candido)

Cerrado Típico

É a formação vegetal mais freqüente do Distrito Federal. Nesta formação, encontramos árvores baixas, tortuosas, muitas vezes inclinadas e retorcidas, com cascas grossas e tipicamente adaptadas à estação seca. A vegetação é aberta, composta também por arbustos, gramíneas e plantas herbáceas que recobrem praticamente todo o solo, sendo pequena a camada de folhas em decomposição, o que é essencial para a fertilização do solo. A vegetação de cerrado típico localiza-se em áreas de latossolos vermelho-escuros e vermelho-amarelados e solos ácidos (veja foto 2).

Cerrado Ralo

Também denominado campo cerrado, é uma forma intermediária de vegetação arbórea-arbustiva entre o cerrado típico e o campo sujo, que representa a forma mais baixa, menos densa e mais aberta que o cerrado típico. Os raios solares penetram facilmente pela vegetação, permitindo que haja espécies vegetais arbustivas e herbáceas. O cerrado ralo ocorre principalmente em latossolos vermelho-amarelados (veja foto 3).

Campo Sujo

A vegetação apresenta um aspecto herbáceo-arbustivo, com arbustos esparsos e uma composição florística semelhante àquela dos cerrados típico e ralo. Campo sujo é uma formação com a presença de arbustos de caule fino, dispostos entre gramíneas e plantas herbáceas. Neste tipo de vegetação, são comuns formas arbóreas e arbustivas formarem agrupamentos, dando uma aparência de "ilhas" (capões) de vegetação. Um aspecto interessante a ser ressaltado é que a parte subterrânea do campo sujo é muito desenvolvida, com suas raízes e caules subterrâneos formando verdadeiras "árvores", o que é uma adaptação ao período seco.

A fisionomia de campo sujo é encontrada em solos pobres em nutrientes, podendo ser rasos, eventualmente com pequenos afloramentos rochosos de pouca extensão (veja foto 4).

FOTO 4 — DISTRITO FEDERAL – Reserva Ecológica do IBGE – 2005
(Foto: Washington Candido)

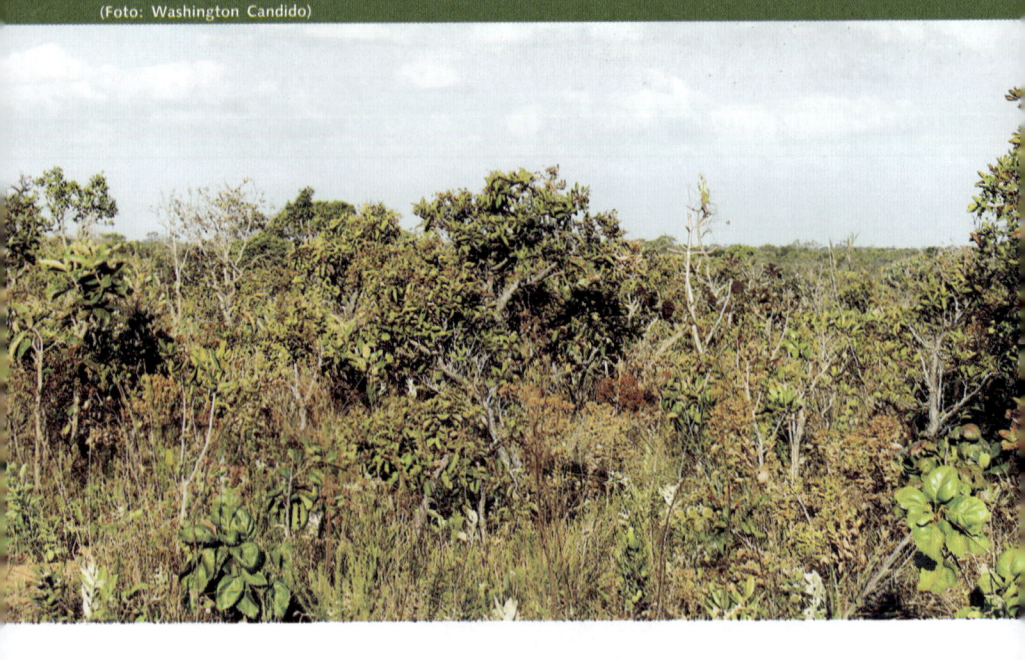

Campo Limpo

O campo limpo caracteriza-se por uma vegetação predominantemente herbácea, com raros arbustos e completa ausência de árvores. Aparece em áreas com solos extremamente pobres em nutrientes, de acidez muito elevada, duros e rasos, o que dificulta a germinação de outras espécies. Durante a estação seca, as gramíneas não conseguem captar água do subsolo, ficando muito ressequidas, o que contribui para a ocorrência de queimadas e o rápido alastramento do fogo.

Esta formação é encontrada com freqüência nas encostas das chapadas, próxima a nascentes e junto a outro tipo de vegetação, denominada de veredas, que margeiam os rios (veja foto 5).

Campo Rupestre

Esta formação vegetal aparece em áreas nas quais praticamente não há solo, em locais com rochas expostas. Na maior parte das vezes, aparece de forma espaçada, intercalada por outros tipos de vegetação. Predominam os solos litólicos, originados da decomposição de arenitos e quartzitos, pobres em nutrientes, ácidos, com baixos teores de matéria orgânica (veja foto 6).

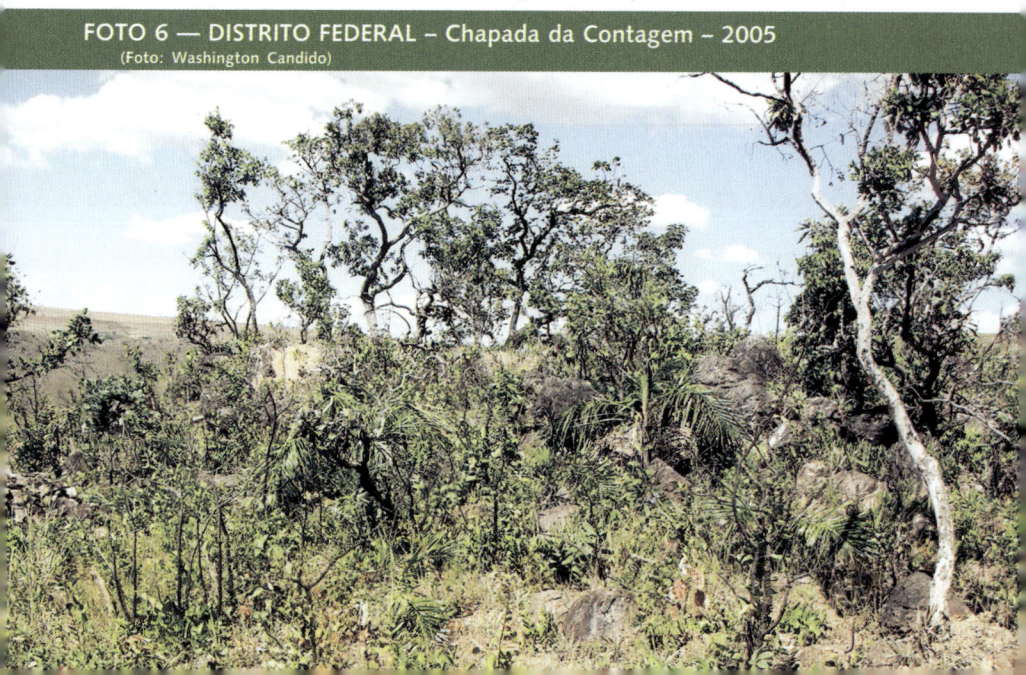

Campos de Murundus

     Murundu é um tipo de microrrelevo em forma de pequena elevação, geralmente arredondado, muitas vezes apresentando solo e vegetação diferentes dos que estão na área circundante. O campo de murundu é constituído por uma área plana, inundável no período das chuvas, onde se encontram inúmeros morrotes. A área plana e os murundus menores são cobertos por vegetação campestre e os maiores, por vegetação lenhosa do cerrado. Na região do cerrado, sítios com essa característica ocorrem nas planícies de inundação de alguns rios entre o campo cerrado e a mata de galeria (veja foto 7).

FOTO 7 — DISTRITO FEDERAL – Reserva Ecológica do IBGE – 2005
(Foto: Washington Candido)

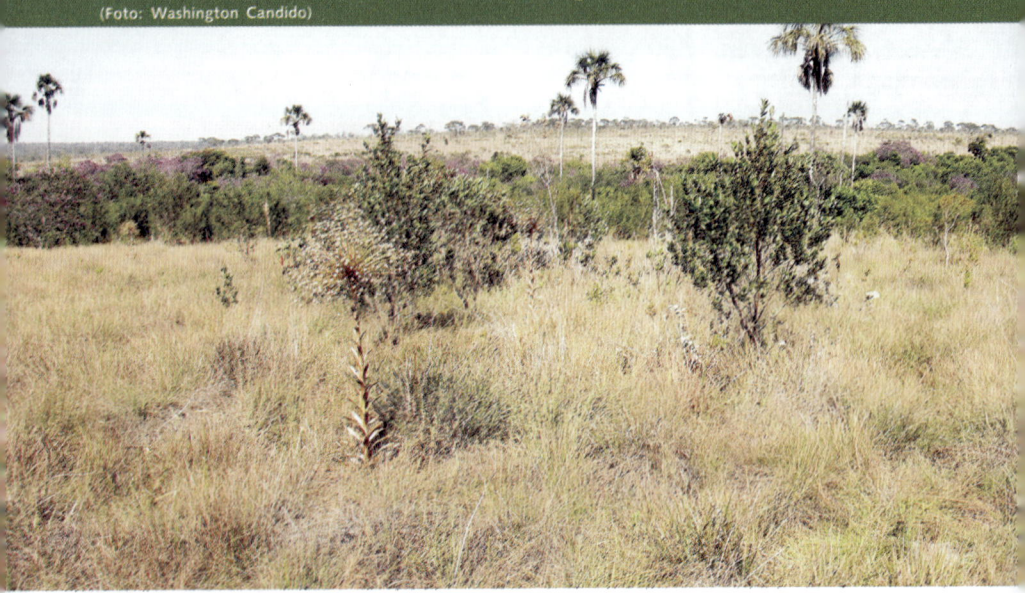

Mata Ciliar

A mata ciliar diferencia-se da mata de galeria pela semideciduidade – isto é, a perda de parte das folhas na estação seca – e pela composição florística, enquanto a vegetação da mata de galeria é perenifólia.
As matas ciliares não formam dosséis como as matas de galeria.

     A mata ciliar é um tipo de formação vegetal constituída por árvores que acompanham as margens de rios de grande e médio porte. Trata-se de uma mata estreita em ambas as margens, com uma largura proporcional ao leito dos rios. Os solos podem ser rasos e as árvores são eretas. No Distrito Federal, esta formação é rara, já que os rios estão encravados em área de planalto, formando leitos estreitos e permitindo que a copa das árvores se encontrem, originando dosséis. São mais comuns às margens dos rios Maranhão, Preto, São Bartolomeu e Descoberto (veja foto 8).

Mata de Galeria

Floresta de galeria, ou "mata" de galeria, é uma formação vegetal que acompanha os rios de pequeno porte e córregos do pediplano (veja pág. 18) do Distrito Federal, formando corredores fechados (galerias), isto é, as copas das árvores se encontram sobre o curso de água (veja foto 9).

Veredas

Localizam-se em áreas de solo geralmente encharcadas, formando, às vezes, verdadeiros "pântanos". Podem ser encontradas, também, em áreas de nascentes ou em depressões onde há córregos ou, ainda, na borda de matas de galeria. As veredas possuem superfície coberta por uma vegetação rasteira e uniforme, constituída por gramíneas, circundada por campo limpo e seus palmeirais de buritis. Os elementos arbóreos não formam dossel. As veredas são muito importantes, pois na época das secas constituem verdadeiros oásis para os animais do cerrado (veja foto 10).

FOTO 10 — DISTRITO FEDERAL – Reserva Ecológica do IBGE – 2005
(Foto: Washington Candido)

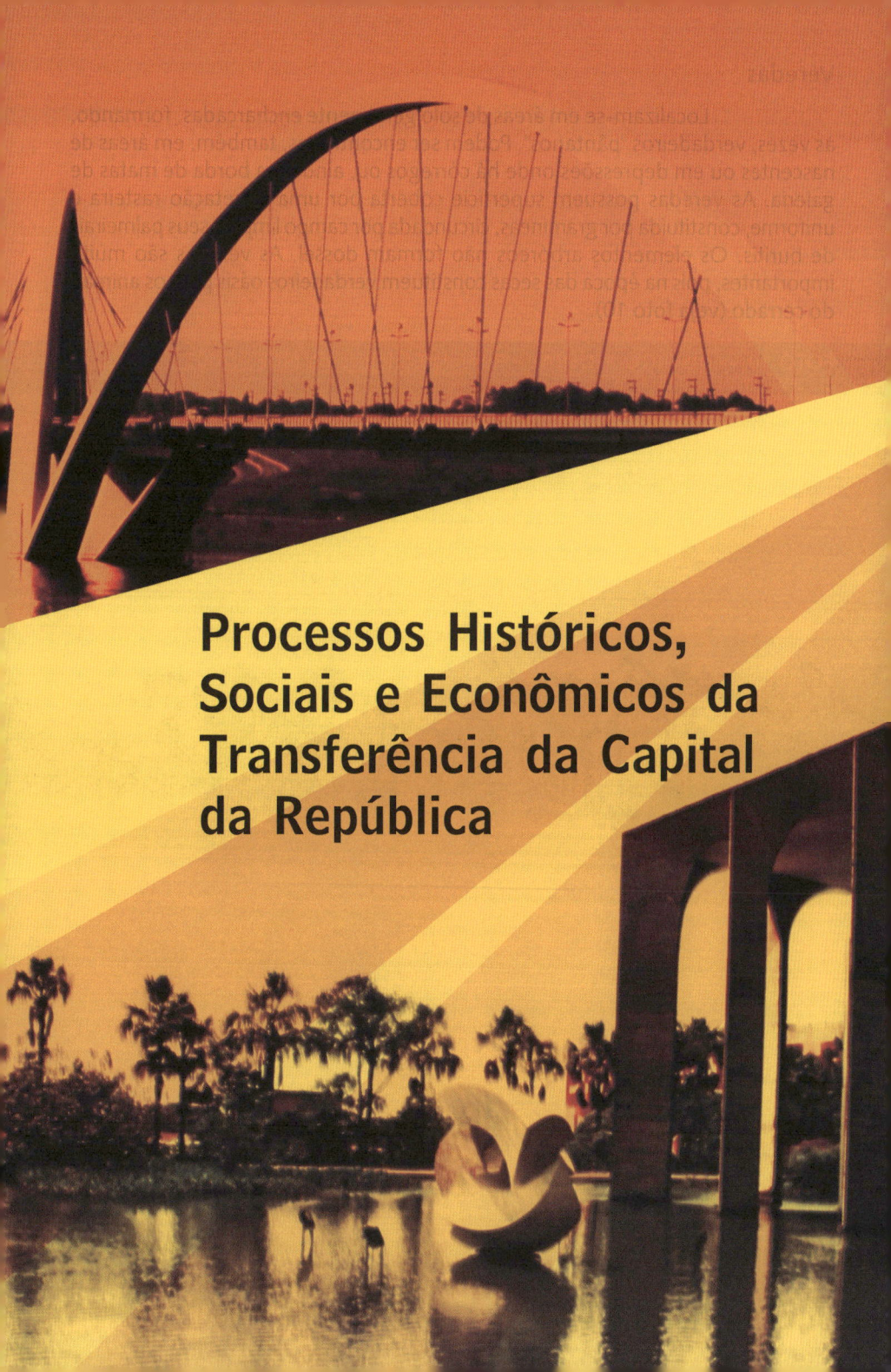

Processos Históricos, Sociais e Econômicos da Transferência da Capital da República

capítulo **DOIS**

PROCESSOS HISTÓRICOS, SOCIAIS E ECONÔMICOS DA TRANSFERÊNCIA DA CAPITAL DA REPÚBLICA

A história espacial de Brasília pode ser definida por três grandes eixos:

a) o primeiro, relacionado à escolha do local, para o qual contribuíram os chamados "precursores" da mudança da Capital para o Centro-Oeste;

b) o segundo ressalta o urbanismo modernista, que orientou a elaboração do Plano Piloto, de Lúcio Costa; e

c) o terceiro refere-se às mudanças econômicas ocorridas no Brasil na década de 1950, que não só tornaram possível, como exigiram a interiorização do desenvolvimento do país, do qual a nova Capital foi uma das alavancas.

OS PRECURSORES DA MUDANÇA DA CAPITAL

A idéia da mudança da Capital para o interior das terras brasileiras é antiga, remontando ao século XVIII, ainda no período colonial. Entre os principais defensores da interiorização destacam-se os Inconfidentes Mineiros que, em 1789, pregavam a mudança da Capital do Rio de Janeiro para São João Del Rei, em Minas Gerais. Em 1810, o desembargador e conselheiro Veloso de Oliveira recomendou a D. João VI a construção de uma pequena Capital no interior do Brasil Colônia, considerando que as cidades muito grandes destroem a natureza e são fontes do que ele denominava de "males morais". Em 1813, o editor do jornal Correio Braziliense, Hipólito José da Costa, defendeu em um artigo que a Capital deveria ser erguida perto das cabeceiras do rio São Francisco.

Essa idéia tomou corpo durante o Império, quando se alegou que, eqüidistante de suas fronteiras, as estradas que partiriam da nova cidade fortaleceriam o comércio das províncias do interior e a unidade nacional. Outra vantagem do desenvolvimento trazido pela interiorização estaria nas facilidades de defesa da Capital frente a ataques externos e na atração dos excedentes populacionais fortemente concentrados no litoral.

Um dos grandes defensores da transferência da Capital para o centro do País foi José Bonifácio de Andrada e Silva, muito ativo no processo de independência e um político de grande influência junto a D. Pedro I. Em 1823, propôs a criação de uma nova Capital com o nome de Brasília, que deveria se situar onde hoje é Paracatu, em Minas Gerais.

Francisco Adolfo Varnhagen, Visconde de Porto Seguro, outro defensor "mudancista", recomendava, porém, a fundação de uma cidade para abrigar a Corte, para que se criassem novos hábitos de convivência e civilidade. O local perto das cabeceiras do rio São Francisco foi escolhido, pela qualidade do clima e por seu papel na unidade nacional, como enfatiza o mesmo Varnhagen em carta escrita ao Ministro da Agricultura, em 1877.

Tornando Brasília Realidade

As primeiras medidas concretas para a transferência da Capital apareceram na Constituição de 1891, que, em seu artigo 3.º, determinava:

> Fica pertencendo à União, no Planalto Central da República, uma zona de 14.400 km², que será oportunamente demarcada, para nela estabelecer-se a futura Capital Federal.

Em cumprimento à determinação constitucional formou-se, em maio de 1892, a "Comissão Exploradora do Planalto Central do Brasil", composta por 22 membros, entre eles geógrafos, médicos, botânicos, higienistas, geólogos e engenheiros, chefiada por Luiz Cruls, belga, naturalizado brasileiro, diretor do Observatório Astronômico do Rio de Janeiro. Essa missão, valendo-se de meios de transporte precários, como cavalos e burros, enfrentou longas caminhadas a pé, percorreu extensas áreas que englobavam as serras dos Pirineus e das Águas Emendadas e a Chapada dos Veadeiros.

Os resultados da missão de Luiz Cruls foram publicados em dezembro de 1894, no Relatório da Comissão Exploradora do Planalto Central do Brasil, que, além de demarcar os 14.400 km² do novo Distrito Federal, apresentou minuciosos detalhes referentes a hidrografia, clima, geologia, topografia, riquezas mineral, florestal e botânica e doenças mais freqüentes na região.

A Missão Cruls demarcou, de início, uma vasta área retangular de 14.400 km², quase três vezes maior que o atual Distrito Federal, e incorporava áreas de Planaltina, Formosa e Luziânia, municípios do Estado de Goiás. Essa missão exploradora impôs ao mapa do Brasil republicano um novo marco geográfico, o Quadrilátero Cruls (veja Mapa 7 – ESTUDOS E DEMARCAÇÕES).

Embora a mudança da Capital fosse determinação constitucional, somente em 7 de setembro de 1922 foi lançada sua Pedra Fundamental, próximo à cidade goiana de Planaltina. Assim mesmo, não houve qualquer projeto para a

MAPA 7 — DISTRITO FEDERAL – ESTUDOS E DEMARCAÇÕES

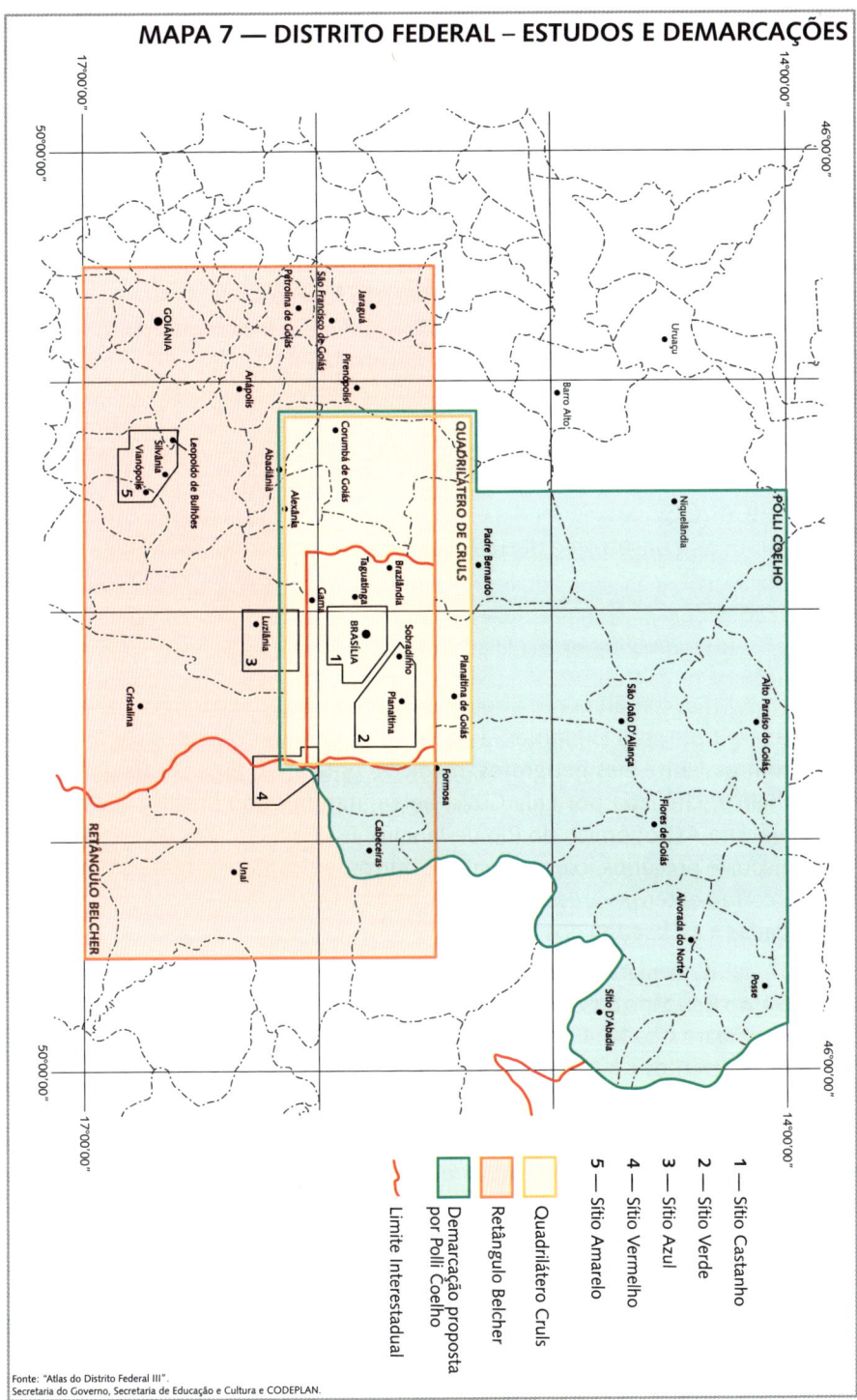

Legenda:

1 — Sítio Castanho
2 — Sítio Verde
3 — Sítio Azul
4 — Sítio Vermelho
5 — Sítio Amarelo

Quadrilátero Cruls
Retângulo Belcher
Demarcação proposta por Polli Coelho
Limite Interestadual

Fonte: "Atlas do Distrito Federal III".
Secretaria do Governo, Secretaria de Educação e Cultura e CODEPLAN.

implantação física da nova Capital brasileira. Novamente, esse tema voltou à Carta Constitucional de 1934, que, em seu artigo 4.°, determinou:

> Será transferida a Capital da União para um ponto central do Brasil. O Presidente da República, logo que esta Constituição entrar em vigor, nomeará uma comissão que, sob instruções do governo, procederá a estudos das várias localidades adequadas à instalação da Capital.

E a Constituição de 1946, em seu artigo 4.°, previa que a *Capital da União será transferida para o Planalto Central do País*.

Nesse mesmo ano, o Presidente Eurico Gaspar Dutra nomeou a "Comissão de Estudos para Localização da Nova Capital do Brasil", sob a presidência do General Djalma Polli Coelho. Depois de dois anos de trabalho, a comissão propôs o aumento da área demarcada para ser o Distrito Federal, que teria então 52.000 km². Posteriormente, esse limite territorial foi ampliado para 77.250 km², abrangendo também terras no Estado de Minas Gerais (veja Mapa 7 – ESTUDOS E DEMARCAÇÕES, pág. 39).

Nos anos 1950, no segundo governo do Presidente Getúlio Vargas, a idéia de transferir a Capital do litoral para o centro do País ganhou velocidade e novas ações foram tomadas para que ela fosse finalmente concretizada. A Lei n.° 1.083, de 5 de janeiro de 1953, autorizava estudos específicos para a localização da nova Capital e estabelecia, em seu Artigo 1.°, parágrafo 2.°, uma estimativa de população em torno de 500.000 habitantes. Estipulava, também, a realização de estudos definitivos sobre o sítio da nova Capital, para o que foi criada, em junho de 1953, a "Comissão de Localização da Nova Capital Federal", sob a presidência do General Aguinaldo Caiado de Castro. Os trabalhos da Comissão desenvolveram-se centrados na área de 52.000 km², escolhida pelo Congresso Nacional com base no Relatório da Comissão Polli Coelho.

A Comissão contratou a empresa Geofoto Ltda. para executar o levantamento aerofotogramétrico da área escolhida, enquanto a firma americana Donald J. Belcher and Associates Incorporated foi contratada para realizar os estudos de fotoanálise e fotointerpretação, a fim de se escolher o local mais indicado para implantar a nova Capital. O retângulo territorial de 52.000 km² foi subdividido em dezoito quadros, dos quais se prepararam mosaicos aerofotográficos na escala de 1:50.000.

A Firma Belcher definiu cinco sítios distintos, de 1.000 km² cada um, e nomeou-os de **sítio castanho, sítio verde, sítio vermelho, sítio amarelo** e **sítio azul**, numa área total de 50.000 km² (veja Mapa 7 – ESTUDOS E DEMARCAÇÕES, pág. 39). Em cada um dos sítios, os norte-americanos estudaram e documentaram a topografia, a drenagem, a utilização da terra, os solos para a agricultura, para engenharia e a geologia.

Em 1955, o sítio castanho, com 5.810 km², foi o escolhido para abrigar a nova Capital, segundo suas condições de clima e salubridade, facilidade de fornecimento de água, energia elétrica, acesso às vias de transporte aéreo e terrestre, topografia adequada, solo favorável às edificações, proximidade de terras agricultáveis, paisagem atraente e facilidade para desapropriação.

O Presidente Juscelino Kubitschek assumiu a presidência do Brasil em 1956, tendo como uma de suas bandeiras a construção de Brasília. Era um projeto audacioso, que requeria grande volume de recursos, empenho pessoal, capacidade técnica e logística. Firme em sua decisão, o presidente Juscelino sancionou a Lei n.º 2.874, de 19 de setembro de 1956, que fixava os atuais limites do Distrito Federal e determinava a mudança da Capital para o Planalto Central. A Lei n.º 2.874 constituía, também, a Companhia Urbanizadora da Nova Capital do Brasil (Novacap), à qual foi atribuída a execução das obras de interesse da cidade, tais como planejamento e execução de serviços de todo o tipo, venda, permuta e desapropriação de imóveis.

Em 19 de setembro de 1956, no mesmo dia em que a Lei n.º 2.874 foi promulgada, lançou-se o edital do concurso nacional para o Plano Piloto de Brasília, saindo vencedor o projeto do arquiteto e urbanista Lúcio Costa.

O URBANISMO MODERNISTA E O PLANO PILOTO DE LÚCIO COSTA

As Cidades Industriais

As raízes do projeto urbanístico e arquitetônico para Brasília remontam ao século XIX. Nessa época, o capitalismo já havia se firmado como um novo sistema produtivo, transformado o espaço da cidade e do campo, no qual tecnologias e sistemas agrícolas inovadores liberaram milhões de camponeses. Expulsas do campo, as pessoas dirigiram-se às cidades em busca de trabalho nas indústrias nascentes.

A especulação imobiliária tornou-se prática comum e o preço da terra deixou aos ricos os melhores lugares e aos pobres, os lugares mais insalubres. As cidades se transformaram em vastos espaços de miséria e caos, que não mais ofereciam a seus habitantes moradia digna, locais saudáveis e seguros de trabalho e recreação. Diante desse quadro, surgiu uma nova concepção urbanística que pretendia construir um espaço ordenado, eliminando o caos e proporcionando melhor qualidade de vida aos habitantes urbanos.

Duas propostas merecem ser mencionadas pela influência que tiveram na organização do espaço de Brasília: as *cidades-satélites* e as *cidades-jardins*. A primeira foi apresentada por G. R. Taylor e a segunda por E. Howard, ambas formuladas em fins do século XIX e princípios do século XX. Segundo a concepção de seus autores, apesar de dependentes de cidades maiores, não seriam meros núcleos dormitórios, mas possuiriam vida econômica ativa, envolvendo operários, indústrias e serviços. Seriam cidades com população entre

30.000 e 100.000 habitantes, intensamente arborizadas, cercadas de campo e com moradias próximas aos locais de trabalho. Howard construiu, em 1903, um protótipo de cidade-jardim, Letchworth, próxima a Londres (veja figura 1 – Plan de Letchworth).

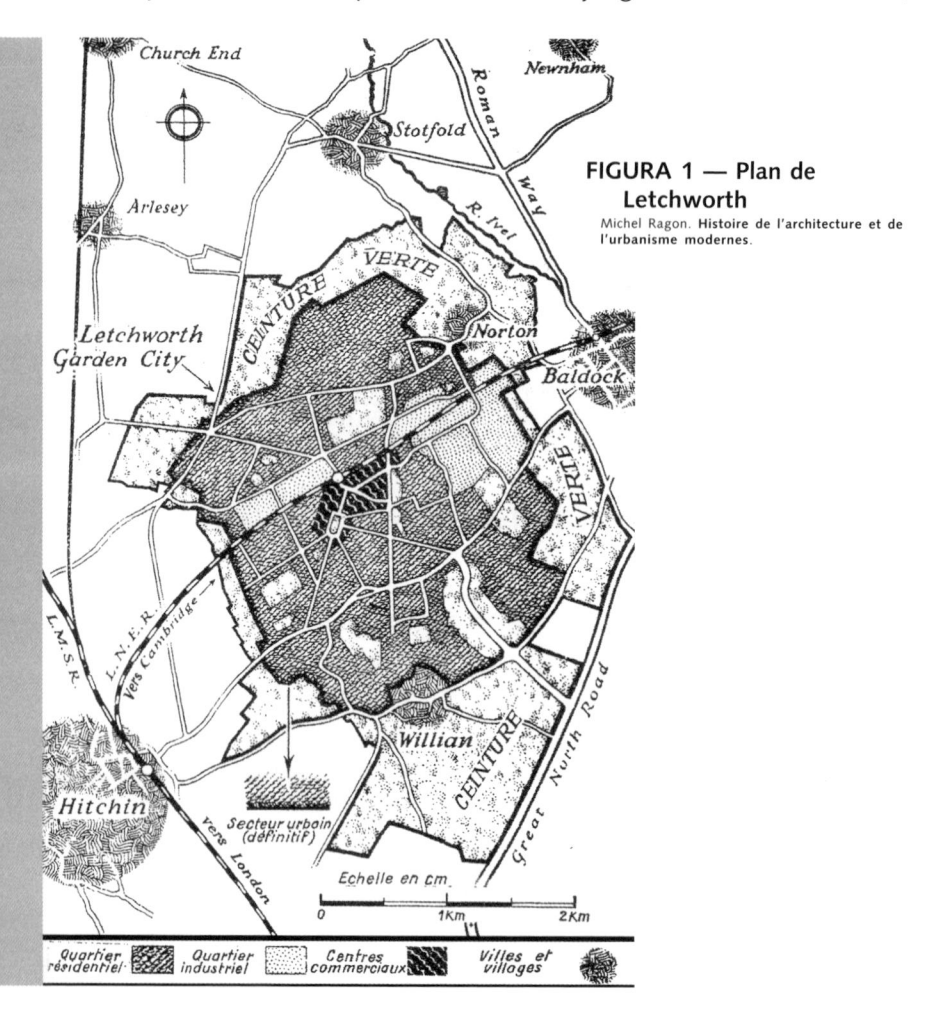

FIGURA 1 — Plan de Letchworth
Michel Ragon. Histoire de l'architecture et de l'urbanisme modernes.

    O urbanismo procurava adaptar suas cidades geométricas à modernidade, quando o mundo assistia à era da tecnologia, da valorização da máquina no trabalho e no cotidiano das pessoas. Pretendia-se a cidade ideal, que teria o poder de tornar a sociedade mais justa e igualitária por intermédio das formas urbanas. Charles-Édouard Jeanneret, denominado de Le Corbusier, foi um dos maiores expoentes dessa concepção urbanística. Le Corbusier propunha a "cidade radiosa", ordenada e geométrica, e considerava que as funções urbanas – habitar, trabalhar, recrear-se e circular – deviam ser agrupadas em uma ordem harmoniosa e racional, que teriam como matéria-prima a luz do Sol, o ar, a natureza e o espaço. Esteve no Brasil em 1936 e participou de projetos no Rio de Janeiro com a equipe chefiada por Lúcio Costa, influenciado também pelo movimento modernista.

Brasília: Uma Cidade Modernista

Na década de 1950, a construção de uma nova Capital segundo os novos modelos arquitetônicos foi o símbolo de um País que se industrializava e se urbanizava rapidamente. A imagem de um Brasil que alçava vôo em direção à era da máquina está toda presente no Plano Piloto de Brasília, com seu formato de avião, ícone do movimento de expansão econômica. O plano detalhava o núcleo urbano em termos de locais de trabalho e habitação, comércio, lazer e circulação com uma simplicidade que permitiu sua implantação em 3 anos e 10 meses (veja figura 2 – Plano Piloto de Brasília).

FIGURA 2 — Plano Piloto de Brasília desenhado por Lúcio Costa
Fonte: Revista Módulo, n.º 8, 1957.

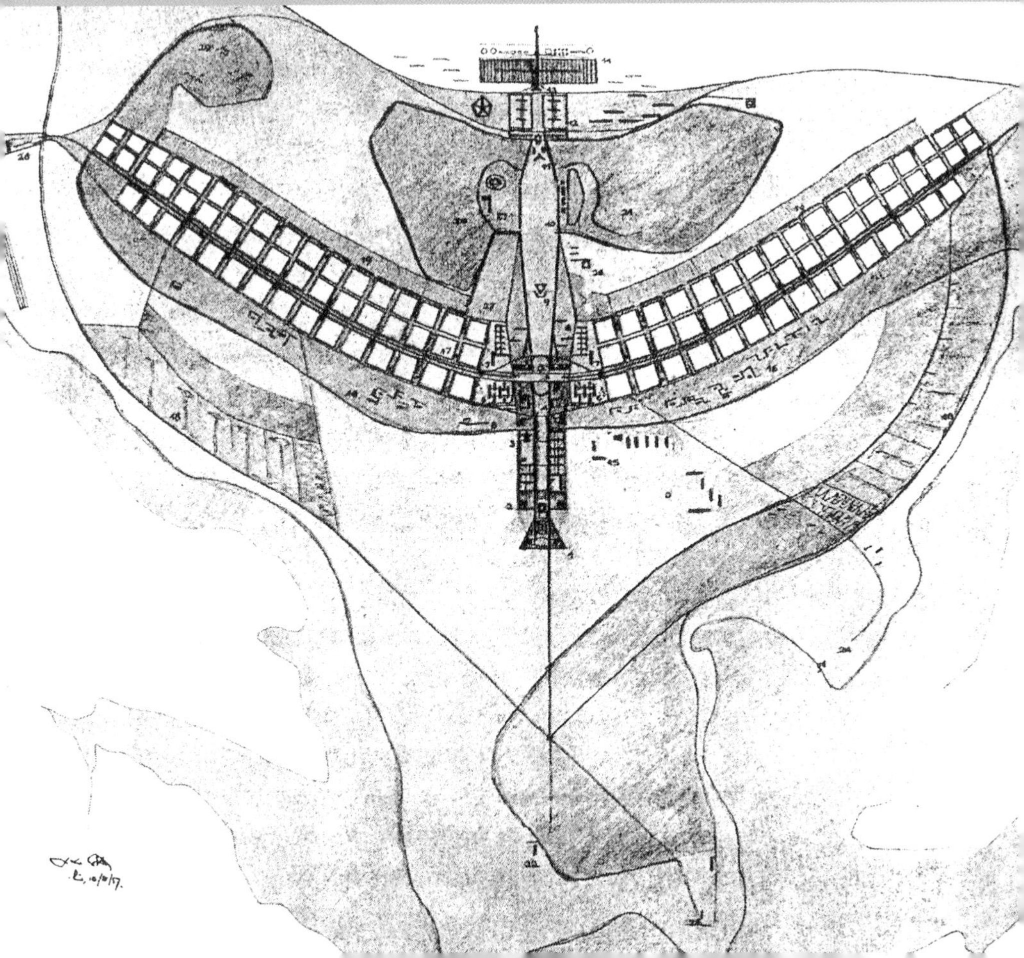

O memorial descritivo de Lúcio Costa, igualmente singelo e preciso, descreve a forma e as funções urbanas. A cidade se desenvolveria ao longo de dois eixos que se cruzam em ângulo reto, o eixo monumental e o segundo eixo, arqueado, ao longo do qual se disporia a maior parte dos setores residenciais. O sistema rodoviário a ser implantado corresponderia a um tronco disposto ao longo do segundo eixo, com pistas centrais de velocidade e pistas laterais para o tráfego local. O memorial localiza os vários setores de atividade integrados ao sistema de circulação e chega à questão habitacional.

SAIBA MAIS

Quanto ao problema residencial, ocorreu a decisão de criar-se uma seqüência contínua de grandes quadras dispostas, em ordem dupla e singela, de ambos os lados da faixa rodoviária e emolduradas por larga faixa arborizada, árvores de grande porte, prevalecendo em cada quadra determinada espécie vegetal, com chão gramado e uma cortina suplementar intermitente de arbustos e folhagens, a fim de resguardar melhor, qualquer que seja a posição do observador, o conteúdo das quadras.

(...) Dentro dessas superquadras, os blocos residenciais podem dispor-se de maneira mais variada, obedecendo, porém, a dois princípios gerais: gabarito máximo uniforme, talvez seis pavimentos e pilotis, e separação do tráfego de veículos do trânsito de pedestres, mormente acesso à escola primária e às comunidades existentes no interior de cada quadra.

(...) A gradação social poderá ser dosada facilmente atribuindo-se maior valor a determinadas quadras como, por exemplo, às quadras singelas contíguas ao setor de embaixadas, setor que se estende de ambos os lados do eixo principal paralelamente ao eixo rodoviário. (...) No outro lado do eixo rodoviário-residencial, as quadras contíguas à rodoviária serão naturalmente mais valorizadas que as quadras internas, o que permitirá as gradações próprias do regime vigente; contudo, o agrupamento delas de quatro em quatro, propicia, em certo grau, a coexistência social, evitando-se assim uma indevida e indesejável estratificação. E, seja como for, as diferenças de padrão de uma quadra a outra serão neutralizadas pelo próprio agenciamento urbanístico proposto e não será de natureza a afetar o conforto social a que todos têm direito. Elas decorrerão, apenas, de uma maior ou menor densidade, do maior ou menor espaço atribuído a cada indivíduo e a cada família, da escolha dos materiais e do requinte do acabamento. Neste sentido, deve-se impedir o enquistamento de favelas tanto na periferia urbana quanto na rural. Cabe à Companhia Urbanizadora prover dentro do esquema proposto, acomodações decentes e econômicas para a totalidade da população.

COSTA, Lúcio. Relatório do Plano Piloto de Lúcio Costa sobre o Plano Piloto de Brasília. *Leituras de Planejamento e Urbanismo*. Instituto Brasileiro de Administração Municipal, 1965, p. 343-354.

As margens do lago Paranoá foram projetadas como lugar de recreação para toda a cidade, com áreas gramadas e bosques. Somente clubes esportivos, restaurantes, quadras esportivas e lugares de passeio margeariam as águas, e os setores residenciais deveriam manter-se afastados.

A sociedade a ser instalada nas superquadras não foi pensada em termos de classes sociais, mas em termos de gradação do mesmo segmento social: a tecnoburocracia civil e militar e a classe política. As diferenças seriam econômicas e variariam em limites bastante estreitos. O Plano Piloto previu, ainda, moradias individuais cercadas por áreas verdes e a eventual construção de casas de alto padrão arquitetônico como concessões excepcionais, pois as habitações seriam, primordialmente, coletivas.

A vida dos moradores se desenvolveria na confluência de quatro escalas:

- **Escala Monumental**, o centro do traçado urbano idealizado com os edifícios da administração e dos Três Poderes, formando o Eixo Monumental;

- **Escala Coloquial**, ao longo das alas Sul e Norte do Eixo Rodoviário Residencial, com uso predominantemente residencial e comércio de primeira necessidade;

- **Escala Gregária**, na junção das escalas Monumental e Coloquial, concentrando a maior parte do comércio, serviços e diversões da cidade.

- **Escala Bucólica**, que corresponde aos grandes espaços verdes, que dá ao Plano Piloto a conotação de cidade-jardim.

A cidade-capital, entretanto, viria a crescer no futuro, ultrapassando os 500 mil a 700 mil habitantes para os quais o Plano Piloto havia sido pensado. O arquiteto inglês, Sir William Holford, considera-o o núcleo da obra a ser executada em Brasília, cidade cuja expansão ocorreria pelas penínsulas e por cidades-satélites.

Quase meio século depois de sua concepção, o que se vê na prática não é a transposição dos ideais modernistas e da racionalidade imaginada na vida cotidiana dos moradores de Brasília. A população quase quadruplicou em relação aos números inicialmente estimados e a expansão territorial se deu de forma rápida e desordenada. Novos problemas surgiram, com proporções e rumos impensados, e a nova Capital hoje não foge à regra das grandes cidades brasileiras com seus enormes problemas: degradação ambiental, segregação social, pobreza, déficit habitacional, falta de infra-estrutura urbana e desemprego.

A INTERIORIZAÇÃO DO DESENVOLVIMENTO E DO PROGRESSO

O Brasil dos anos 1950 se industrializava e se urbanizava rapidamente, mudando o perfil agrário-exportador que caracterizou nossa economia desde os tempos coloniais. Acreditava-se que ampliar a industrialização fosse o meio mais rápido e eficiente para se chegar ao desenvolvimento e trazer a modernidade ao país, conforme os preceitos da Comissão Econômica para a América Latina (Cepal). O modelo de industrialização adotado no Brasil desde a década de 1930 foi o de substituição de importações, ou seja, alguns bens e mercadorias que eram produzidos no exterior passaram a ser fabricados aqui.

SAIBA MAIS

Cepal é a sigla da *Comissão Econômica para a América Latina*, organismo regional das Nações Unidas, criado em 1948, em Santiago, Chile. Secretariada durante muitos anos por Raul Prebisch, a Cepal tornou-se muito conhecida por seus estudos, que mostravam os obstáculos ao desenvolvimento regional. Seus primeiros trabalhos caracterizavam a região como exportadora de produtos primários e importadora de produtos industrializados. Os especialistas da *Escola da Cepal* (conhecidos como "cepalinos", da mesma forma como a teoria desenvolvida e defendida pela organização) defenderam a necessidade de superação do subdesenvolvimento regional pela industrialização e diversificação da estrutura produtiva.

Grande Enciclopédia Larousse Cultural.
São Paulo/Rio de Janeiro: Nova Cultural, 1998, v. 6, p. 1296.

O esforço para industrializar o País foi enorme e o Estado teve importância crucial no processo de modernização e planejamento das novas atividades econômicas e estratégicas. O Plano de Metas (1956-1960) foi o instrumento do governo de Juscelino Kubitschek, que norteou todo um processo de industrialização, com o aporte de capitais públicos e privados, de origem nacional e estrangeira. O planejamento envolveu a área de infra-estruturas, como transportes e geração de energia; as indústrias básicas e de bens de consumo duráveis, como automóveis, geladeiras, fertilizantes, produtos químicos, cimento, mecânica pesada, metalurgia; programas de desenvolvimento regionais na Amazônia e no Nordeste; recursos humanos, com a capacitação de quadros técnicos. O próprio Estado se modernizou com a criação de uma tecnoburocracia, cujos quadros provinham principalmente da classe média urbana e escolarizada.

A produção industrial continuou concentrada na Região Sudeste, onde Rio de Janeiro e São Paulo se fortaleciam como a área central do sistema econômico. Entretanto, para completar o processo de substituição de importações era necessário escoar a produção para as demais regiões brasileiras, até então abastecidas por importações ou por uma produção local pouco diversificada. Ou seja, era necessário criar um mercado de consumo interno e integrar o território nacional. Uma das providências foi levantar barreiras alfandegárias aos produtos importados, mas isso não era suficiente. Neste ponto, tem lugar a metassíntese do planejamento de Juscelino: a mudança da Capital para o interior do País e, com isso, o aumento e a consolidação do mercado interno desejado.

A opção de construir uma cidade com a missão de integrar e povoar uma área, na qual predominava a pecuária extensiva e a agricultura de subsistência, decorreu das novas funções que as cidades passaram a desempenhar no Brasil. Historicamente, as cidades brasileiras eram centros políticos e, graças à industrialização, tornaram-se também lugares de produção e de consumo.

A nova Capital teria um papel econômico estratégico para o desenvolvimento brasileiro, mas as indústrias continuariam concentradas na Região Sudeste. A indústria da construção civil, que exigia grande quantidade de trabalhadores, e a concentração dos vários escalões da administração pública e da política nacionais formariam um amplo mercado consumidor. Assim, em Brasília, ao se criarem novas necessidades de consumo, e com a modernização da agricultura e a disseminação de inovações, a Região Centro-Oeste participaria de tudo aquilo que fazia parte do processo de industrialização. As estradas que alcançariam Brasília ou dela partissem cortariam o território com a missão de levar esperança de futuro e de transformação (veja figura 3 – Distâncias em linha reta entre Brasília e as capitais dos estados). O presidente Juscelino Kubitscheck, naquela época, disse:

"o núcleo populacional criado naquela longínqua região espraiar-se-ia como uma mancha de óleo, fazendo com que todo o interior abrisse os olhos para o futuro grandioso do País. Assim, o brasileiro poderia tomar posse do seu imenso território. E a mudança da capital seria o veículo. O instrumento. O fator que iria desencadear novo ciclo bandeirante." (OLIVEIRA, Juscelino KUBITSCHEK de. *Por que construí Brasília*. Rio de Janeiro: Bloch Editores, 1974, p. 8).

A integração nacional era vista, também, sob o ponto de vista geopolítico da época, em que se retomou a tese da centralidade como uma questão de integração política. Havia ainda os argumentos geopolíticos de maior facilidade de defesa de uma Capital interiorana em caso de guerra e a tranqüilidade para o exercício das funções de governo em uma Capital de pequeno porte.

predominaria na Capital litorânea não seria correspondente à "opinião nacional" que uma capital no "coração do País" teria condições de representar.

VESENTINI, José William. *A capital da geopolítica*. São Paulo: Ática, 1986, p. 86.

FIGURA 3 — Distâncias em linha reta entre Brasília e as capitais dos estados. Este mapa ilustrava a maioria das discussões sobre o papel de Brasília no "desenvolvimento nacional" nos anos 60.

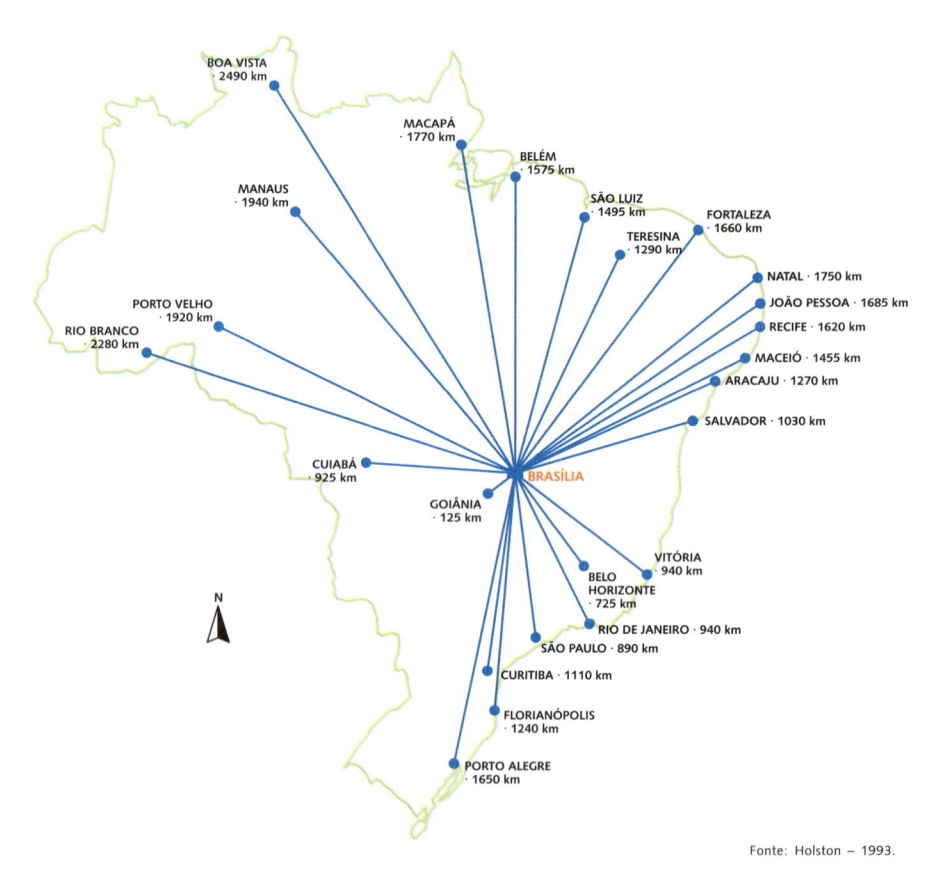

Fonte: Holston – 1993.

Verifica-se, então, que passados pouco mais de dois séculos desde as primeiras notícias referentes à mudança da Capital do País para o interior, as condições econômicas, sociais e políticas mostravam-se maduras para que Brasília fosse iniciada.

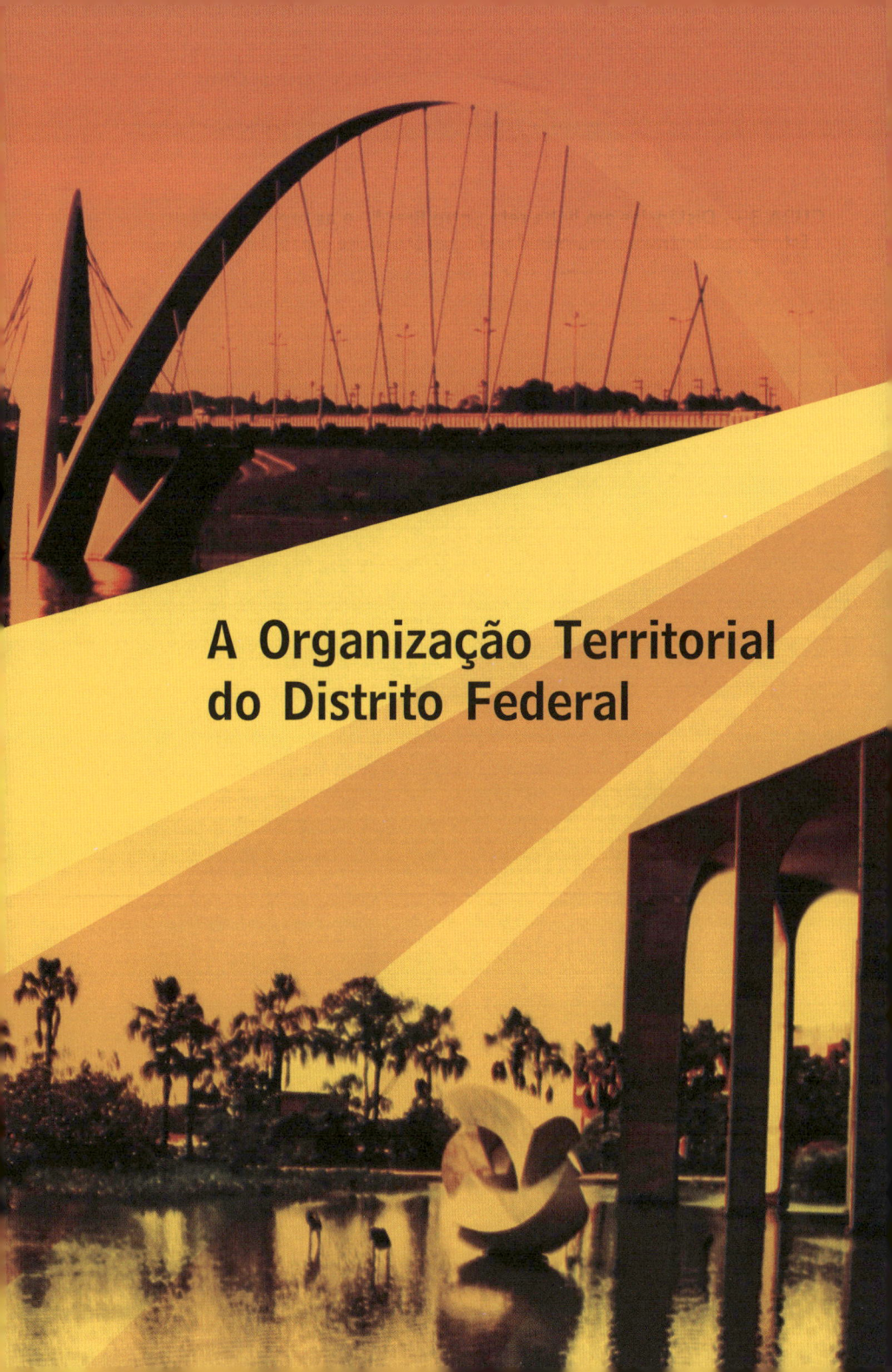

A Organização Territorial
do Distrito Federal

capítulo **TRÊS**
A ORGANIZAÇÃO TERRITORIAL DO DISTRITO FEDERAL

A organização espacial do Distrito Federal se fez em decorrência de Brasília e todo o território se ressentiu do impacto da construção da cidade, seus problemas e suas soluções. Portanto, vamos iniciar a análise da questão territorial pelo processo de urbanização e seus significados territoriais.

O PROCESSO DE URBANIZAÇÃO DO DISTRITO FEDERAL

O otimismo do momento vivido pelo País e as possibilidades abertas com a perspectiva de desenvolvimento transferiram-se para a nova cidade, chamada de "Capital da Esperança", porque nela o progresso traria a prosperidade para todos, não importando a classe social ou o tipo de ocupação. Envolto por extensas áreas verdes, uma verdadeira cidade-jardim, o projeto claro e simples, racional e moderno haveria de ser preenchido por monumentos, pessoas e atividades burocráticas, longe das multidões do Rio de Janeiro. Mas, as complexidades da sociedade brasileira fizeram-se valer contra a euforia geral e os problemas que acarretavam organizaram o ritmo da construção e da ocupação do território.

O Brasil da década de 1950 se tornava cada dia mais urbano e mais complexo, com uma crescente e intensa diversificação econômica e o surgimento de novos segmentos sociais, o que se refletiu na ocupação de Brasília. Além de uma ampla gama de funcionários públicos civis e militares transferidos para a nova Capital, vieram também empresários, profissionais liberais e outros elementos da classe média urbana em ascensão. Ao lado desses, chegaram levas sucessivas de migrantes, que deixavam o campo em busca de uma vida com melhor qualidade na cidade que nascia.

Essa população proveniente de diferentes segmentos sociais não pôde ser absorvida no Plano Piloto, visto que ele não contemplava a diversidade social de um Brasil em transformação. Como vimos, o espaço construído estava reservado prioritariamente para os vários escalões de governo e, secundariamente, para os diversos segmentos da classe média e do empresariado. Assim, os que não se enquadravam nesses grupos, principalmente os mais pobres, não tinham lugar para morar.

Com a criação da Novacap, o governo assegurou a posse das terras desapropriadas e a possibilidade de organizar a divisão social do espaço urbano, isto é, distribuir a moradia de acordo com a posição na burocracia civil e militar e com o nível de renda das famílias. As práticas utilizadas para tal empreendimento foram variadas: leilões de terras, doação de lotes, venda das Letras Imobiliárias Brasília, construção de edifícios de apartamentos de acordo com a hierarquia burocrática. Entretanto, para o povo que acorria de todos os lugares do País para a tarefa de construção da nova Capital, não se havia definido um lugar de moradia.

O pioneiro Sebastião Varela, em uma linguagem espontânea e simples, sem seguir os padrões da língua culta, assim se refere à exclusão do povo no espaço de Brasília:

> Era famílias e famílias
> Sem ter onde ficar,
> fazendo prédios bonitos
> sem ter onde morar,
> com sua pobre mobília
> sem ter onde botar

VARELA, Sebastião. *O candango na construção de Brasília*. Brasília, 1981, mímeo, p. 115.

Evidentemente, nos primeiros tempos, heróicos e pioneiros, as habitações eram precárias. Os trabalhadores se acomodavam em acampamentos das empresas construtoras, próximos aos canteiros de obras. A Novacap construiu acampamentos, como Candangolândia e Velhacap, para seus funcionários e para a instalação de serviços. A população não contemplada pelas ações públicas ou privadas localizava-se em invasões e as maiores – e mais visíveis – encontravam-se próximas à Cidade Livre, centro provisório de comércio e serviços, criado para atender os pioneiros. Destacavam-se Vila Amauri, Sacolândia, Lonalândia, Vila Sara Kubitscheck, Vila Esperança, Vila Tenório, Vila do IAPI. Os moradores dessas favelas passaram a reivindicar moradia e a forçar providências das autoridades.

A Criação das Cidades-Satélites

Os moradores das invasões iniciaram um movimento político para se tornarem proprietários dos lotes em que moravam, pressionando para isso o presidente Juscelino Kubitschek em uma de suas visitas ao Núcleo Bandeirante. A resposta do governo foi a construção de cidades-satélites, desequipadas e distantes, para onde foram encaminhados. A mesma solução foi dada para providenciar habitação aos segmentos mais pobres da Capital Federal. As cidades-satélites, que em sua concepção original deveriam ser núcleos urbanos destinados a proporcionar melhores condições de vida aos operários, tornaram-se empobrecidas periferias urbanas em Brasília.

Em 1958, o governo inaugurou a primeira cidade-satélite, Taguatinga, e para lá transferiu cerca de 4 mil invasores. Sobradinho e Gama datam de 1960, e receberam operários de acampamentos de obras. O Guará, criado em 1966, abrigou populações vindas de invasões, acampamentos e funcionários públicos. Duas cidades pré-existentes e incorporadas ao Distrito Federal como cidades-satélites, Brazlândia e Planaltina, também receberam grande quantidade de migrantes pobres em assentamentos com más condições ambientais. A Cidade Livre, que deveria ser demolida após a inauguração de Brasília, terminou fixada como cidade-satélite, em 1961, com o nome de Núcleo Bandeirante.

As invasões próximas ao Núcleo Bandeirante, porém, continuaram crescendo, pois o movimento migratório permanecia elevado. Surgiram as invasões de Vila Tenório e Vila Esperança, próximo das preexistentes Morro do Querosene, Bernardo Sayão e invasão do IAPI. Nos estudos realizados para encontrar uma solução para os favelados, chegou-se ao diagnóstico de que os baixos rendimentos impediam os invasores de obter uma habitação dentro do mercado imobiliário. Decidiu-se, então, pela remoção compulsória para uma área escolhida pelo governo. Em março de 1971, 70.128 pessoas, moradoras de 14.607 barracos, localizadas nas invasões, foram transferidas para os setores M e N de Taguatinga Norte, dando origem a Ceilândia.

Com a criação de Ceilândia, fechou-se um importante ciclo da organização territorial do Distrito Federal, em que se implantaram núcleos urbanos, cujo centro econômico e social se encontra no Plano Piloto.

> Os núcleos implantados geraram um sistema urbano interligado, interatuante e interdependente, com o que Brasília acabou por se constituir em cidade polinucleada, com um centro, o Plano Piloto, e os diversos assentamentos periféricos, administrativamente denominados de "cidades-satélites".
>
> (PAVIANI, Aldo. A metrópole terciária. In PAVIANI, Aldo (org.).
> *Brasília, ideologia e realidade*. O espaço urbano em questão. São Paulo: Projeto Editores, 1985, p. 58.)

Em 1970, as carentes cidades-satélites representavam a segregação espacial dos mais pobres, aumentando a periferia antes de as áreas centrais terem atingido entre 500 mil a 700 mil moradores. Os antigos e os novos migrantes foram se localizando nas periferias, enquanto o centro urbano nunca chegou a atingir a população programada. Ao se observar a distribuição da população do Distrito Federal de 1959 a 1980, verifica-se que as periferias aumentaram muito mais rapidamente do que a área central. Veja na tabela a seguir (tabela 1) a evolução da população entre os anos 1959 e 1980.

TABELA 1 — DISTRITO FEDERAL – Evolução da população (entre 1959 e 1980)

	Plano Piloto	Cidades-satélites e áreas rurais
1959	23.841	41 480
1960	68.665	73.077
1970	159.951	374.195
1980	252.542	924.366

Fonte: Plano Estrutural de Organização Territorial do Distrito Federal (Peot), v. II, 1977.

Durante a década de 1970, até meados da década de 1980, o polinucleamento de Brasília foi reforçado. O governo construiu cerca de 66 mil habitações populares financiadas pela Sociedade de Habitação de Interesse Social (SHIS), distribuídas pelas cidades-satélites, marcando-as com seus monótonos conjuntos de moradias iguais.

Dois fatores mostraram-se muito importantes para a urbanização de Brasília nesse período. O primeiro foi a migração intensa e continuada, que aumentou a demanda por espaço urbano. O segundo foi a determinação governamental de reduzir a oferta de moradia como forma de diminuir a migração. Como conseqüência, em 1980-81, cerca de 30% da população do Distrito Federal morava precariamente de aluguel, ou seja, cerca de 350 mil pessoas, e outras 8%, em torno de 90 mil pessoas, moravam em invasões de vários tipos, urbanas e rurais.

As pressões por moradia se avolumaram, o que levou a novas ações por parte do governo e a um novo ciclo no processo de urbanização do Distrito Federal. Em meados da década de 80, o País se encontrava em pleno período pré-eleitoral, quase ao fim do regime militar, e procurou-se dialogar com as diversas classes sociais em busca de habitação e atender às suas reivindicações, mantendo a visão polinucleada de cidade.

Em 1984, criou-se nova cidade-satélite, Samambaia, com uma previsão de 340 mil habitantes, destinada a classes sociais diversificadas e uma área de serviços e habitações, denominada de Águas Claras. Ao mesmo tempo, o governo construía expansões nas cidades-satélites e regularizava invasões e acampamentos na área central: Vila Varjão, no Lago Norte; Candangolândia e Vila Metropolitana, no Núcleo Bandeirantes; Paranoá, no Lago Sul; QE 38, do Guará e Vila Maricá, no Gama.

Para a classe média e alta, foi aprovado um plano de expansão do Plano Piloto, denominado de "Brasília Revisitada 1985-87: complementação, preservação, adensamento e expansão urbana", de autoria de Lúcio Costa. O plano propunha seis manchas para ocupação e delimitou a área do Plano Piloto de Brasília que, em 1987, seria declarada Patrimônio Cultural da Humanidade e regularizou um antigo acampamento de obras, a Vila Planalto.

Em 1990, as eleições e a Câmara Distrital, realizadas pela primeira vez no Distrito Federal, marcaram o início do novo ciclo de urbanização. Isto porque as ações de ordenação do território deixaram de ser centralizadas nas decisões exclusivas do Executivo, devendo atender, também, a demanda da população eleitora. A primeira ação governamental de importância na área de habitação que resultou em novos arranjos territoriais foi o "Programa de Assentamento das Populações de Baixa Renda do Distrito Federal", que se estendeu de 1989 até 1994 e distribuiu, doou ou vendeu cerca de 120 mil lotes para a população carente e sem teto, fossem moradores de invasões ou inquilinos.

Novos assentamentos distribuíram-se pelas cidades-satélites e surgiram três núcleos urbanos: Santa Maria, Recanto das Emas e São Sebastião. Samambaia viu alterada sua concepção original e recebeu as maiores levas de invasores e inquilinos de fundos de lotes. Nas áreas centrais acelerou-se a ocupação das superquadras da Asa Norte, das penínsulas norte e sul, bem como a construção do Setor Sudoeste, uma das áreas propostas por Brasília Revisitada. O Bairro de Águas Claras, contíguo a Taguatinga, cujo projeto original previa ocupação bastante dispersa, com a instalação de centros de pesquisa, universidades e poucas habitações, transformou-se num bairro habitacional de classe média, onde é possível a construção de edifícios com gabarito superior a seis pavimentos com pilotis, predominante em outros setores habitacionais.

SAIBA MAIS

A resposta à pergunta "Para você, Brasília é o Plano Piloto, o Distrito Federal ou outro?" obteve respostas muito interessantes de acordo com o lugar de

moradia. As respostas por grupos de localidades distribuem-se de forma diferenciada. No grupo formado pela Região Administrativa de Brasília, Região Administrativa do Lago Sul e Região Administrativa do Lago Norte, 60% responderam que Brasília é o Plano Piloto e apenas 38% que ela é o Distrito Federal. No conjunto formado pelas cidades-satélites, 53% consideram que Brasília é o Plano Piloto e 47% que ela é o Distrito Federal. Já no grupo formado por outras cidades da região Centro-Oeste ou demais regiões do país, a proporção começa a se inverter. Enquanto 44% consideram que Brasília é o Plano Piloto, 56% acreditam que é o Distrito Federal. No grupo formado pelas cidades do Entorno, apenas 30% consideram que Brasília é o Plano Piloto, enquanto 70% consideram que ela é o Distrito Federal.

CIDADE, Lúcia Cony Feria; MORAES, Luciana Batista de. Metropolização, imagem ambiental e identidade de cidade no Distrito Federal. *Geografia*, Rio Claro, v. 29, n.1, p. 21-37, jan.abr. 2004, AGETEO.

Para o futuro, mais estudos e novas discussões tenderão a resolver o alcance de Brasília enquanto Capital da República, cidade, cidade-capital e sede do governo do Distrito Federal. Espera-se que maior clareza na caracterização da Capital torne-se uma fonte de inclusão social e não se tenham mais passos rumo à discriminação espacial.

Loteamentos Irregulares e Invasões Recentes

A falta de programas de habitação que contemplassem o crescimento vegetativo e migratório do Distrito Federal levou ao uso urbano das terras rurais, ao aumento das invasões de áreas públicas, de preservação e conservação ambientais e à comercialização cada vez mais rápida das terras em poder de particulares, pois apenas pouco mais da metade do Distrito Federal foi realmente desapropriada. Para constituir o quadrilátero do Distrito Federal, os municípios de Luziânia, Formosa e Cristalina perderam parcelas de suas terras (veja tabela 2).

TABELA 2 — DISTRITO FEDERAL – Terras adquiridas e por adquirir

Município	Área medida (alqueires)[1]	Área adquirida (alqueires)	Área por adquirir (alqueires)
Luziânia	46.829,365	29.946,394	16.822,962
Planaltina	39.941,836	16.750,731	23.191,103
Formosa	31.636,963	21.948,432	10.688,531
Total	119.408,155	68.645,557	50.762,598

Fonte: TERRACAP. *Exposição fundiária do Distrito Federal*. Brasília, 1982, mímeo.

[1] As medidas foram tomadas em alqueires goianos, que correspondem a 4,6 ha.

SAIBA MAIS

As desapropriações iniciaram pelas terras do Plano Piloto e áreas próximas, em processos bastante complexos pela dificuldade em demarcar os limites das antigas fazendas e identificar corretamente seus proprietários. A rápida ocupação do território fez com que o preço das terras subisse muito e as desapropriações continuaram em ritmo mais lento. Esse fato gerou situações conflituosas, como a comercialização das terras em mãos de particulares, o que dificultou ainda mais prosseguir com as desapropriações. Os loteamentos irregulares são conhecidos desde os primeiros tempos de Brasília e há notícias deles desde 1956. Intensificaram-se na década de 70, expandiram-se vertiginosamente nos anos 80 e atingiram o auge na década de 90. Em 1985, o governo identificou 150 loteamentos irregulares e, em 1995, 529. No período compreendido entre 1956 e 1995 foram colocados à venda cerca de 100 mil lotes. Os loteamentos irregulares destinam-se a todas as classes de renda, apesar de predominarem os moradores de poder aquisitivo mais elevado. Abrigam hoje cerca de 600 mil habitantes e constituem um problema de difícil solução. No momento, a União, o GDF e os moradores realizam conversações difíceis e demoradas para cumprir as etapas da legalização nos casos em que isso é possível.

As invasões de baixa renda são outro aspecto importante da organização territorial do Distrito Federal. Muitas delas ocorreram em loteamentos clandestinos, como em Itapuã, Arapoanga e Mestre D'Armas, enquanto outros correspondem a invasões de áreas públicas, como a Vila Estrutural, a Vila Varjão e a Vila da Telebrasília. A Vila Varjão, atualmente com cerca de 7.650 moradores, localiza-se próximo à área de habitações muito valorizadas do Lago Norte, foi regularizada em 2000 e hoje constitui a Região Administrativa (RA)-XXIII. A Vila Estrutural e a Vila da Telebrasília apresentam problemas para a regularização, mas os processos continuam sendo discutidos no âmbito governamental, porque os moradores resistem à saída com bem-sucedidas campanhas de fixação. A primeira, Vila Estrutural, com cerca de 30.700 habitantes, está localizada em área insalubre próxima ao Lixão do Jóquei Clube e ao Poliduto da Petrobras, além de se encontrar próxima ao Parque Nacional de Brasília, dentro dos limites para áreas de preservação permanente estabelecidas pelo Código Florestal. A Vila da Telebrasília, com cerca de 3 mil moradores, antigo acampamento da empresa de construção Camargo Corrêa, de 1956, encontra-se no final da Asa Sul, em área tombada pelo Patrimônio Histórico, o que dificulta a regularização.

As invasões de pessoas de baixa renda abrigavam, em 2004, cerca de 170 mil pessoas, residentes em 42 mil barracos, distribuídos em núcleos de todos os tamanhos, em precárias condições de habitação e sujeitos a contínuos processos de remoção. Entre as maiores invasões destacam-se a Expansão Vila São José, na RA-IV Brazlândia, com 11 mil moradores vivendo em 3 mil barracos; Itapuã, constituída como RA-XXVIII em janeiro de 2005, com 58 mil barracos e 13.750 moradores. Na RA-VI Planaltina, localizam-se o Setor Habitacional Mestre D'Armas e o Setor Habitacional Arapoanga, nos quais habitam respectivamente 18 mil moradores em 4.300 barracos e 36 mil residentes em 8.500 barracos.

Alguns assentamentos, entretanto, atingiram um tamanho tal que se tornou extremamente problemático desalojar os moradores e encaminhá-los a lugares urbanizados e legais. A tendência do governo, então, é regularizar as áreas e dotá-las de serviços públicos básicos.

A criação de novos núcleos urbanos, os loteamentos irregulares e a disseminação das invasões alteraram a organização espacial do Distrito Federal. O polinucleamento dá lugar à conurbação, com reforço da ocupação horizontalizada do solo. Percebem-se claramente quatro eixos de ocupação territorial: o eixo sudoeste, em direção aos municípios limítrofes de Luziânia e Valparaíso; o eixo norte, em direção ao município limítrofe de Planaltina de Goiás; o eixo oeste, em direção ao município de Águas Lindas e um quarto, o eixo nordeste, formado basicamente pelos loteamentos irregulares.

A ORGANIZAÇÃO ADMINISTRATIVA DO DISTRITO FEDERAL

A Lei n.º 3.751, de 13 de abril de 1960 estabeleceu que o prefeito do Distrito Federal seria nomeado, ao contrário do Rio de Janeiro, onde prefeitos e vereadores eram eleitos. O título de prefeito permaneceu até a Emenda n.º 1/1969, quando foi substituído pelo de governador, permanecendo, porém, nomeado. Somente com a Constituição de 1988 é que os moradores do Distrito Federal retomaram o direito de eleger seus governantes.

O Distrito Federal, entretanto, apresenta peculiaridades na organização político-administrativa, com competências legislativas e tributárias reservadas ao município e ao estado, o que lhe confere algumas ambigüidades de caracterização. Por exemplo, o Distrito Federal rege-se por Lei Orgânica, própria dos municípios, e não por Lei Estadual, própria dos estados. O Poder Legislativo é exercido pela Câmara Legislativa, enquanto nos municípios é exercido pela Câmara de Vereadores e nos estados, pela Assembléia Legislativa. Os representantes do povo se denominam deputados distritais, enquanto nos municípios são vereadores e nos estados, deputados.

Brasília, por sua vez, também não escapa de ambigüidades na delimitação de seu *status* de cidade-capital. A idéia expressa pelo júri do Plano Piloto era de que a cidade, quando atingisse a população limite entre 500 mil e 700 mil habitantes, cresceria pelas penínsulas e por cidades-satélites, o que na realidade não aconteceu. A ordem inverteu-se e Taguatinga foi inaugurada antes do Plano Piloto. A grande distância que separa as cidades-satélites do Plano Piloto deu à Capital uma forma polinucleada, porque administrativamente as cidades-satélites não formam entidades territorialmente autônomas, o que é vedado pela Constituição Federal (Art. 18, parágrafo 1.º).

Mas, a Lei n.º 4.545, de 10 de abril de 1964, que organizou administrativamente o Distrito Federal, criou uma certa ambigüidade ao estabelecer que, das 8 regiões administrativas então criadas, a RA-I se chamaria "Brasília". Pelo breve período de um ano, a Lei n.º 49, de 26 de outubro de 1989, denominou a RA-I de "Plano Piloto", mas, já em 1990, a Lei n.º 110 voltou a denominá-la de RA-I Brasília. A ambigüidade se reforça porque as regiões administrativas do Distrito Federal são mais independentes do que habitualmente as mesmas divisões administrativas em outras localidades, pois, como prefeituras, desempenham funções mais autônomas.

A Constituição Federal não esclarece a questão, visto que apenas considera, em seu Artigo 6.º, que "Brasília, Capital da República Federativa do Brasil, é a sede do governo do Distrito Federal", mas não lhe estabelece os limites ou a forma. A Lei Orgânica, por sua vez, em seu Artigo 1.º, reza: "O Distrito Federal, no pleno exercício de sua autonomia política, administrativa e financeira, observados os princípios constitucionais, reger-se-á por esta Lei Orgânica". Para o futuro, espera-se que mais estudos e outras propostas consigam resolver definitivamente o alcance de Brasília enquanto Capital da República, cidade, cidade-capital e sede do governo do Distrito Federal.

A RA-I continuou a denominar-se Brasília em todas as subdivisões ocorridas ao longo dos anos, realizadas para acompanhar o crescimento e o adensamento populacionais. As regiões administrativas mais antigas foram sendo subdivididas e seus limites sofreram alterações. Entre 2003 e 2005 foram criadas 10 novas regiões administrativas, perfazendo um total de 29. Na tabela 3, a seguir, encontram-se os nomes de cada uma com as datas de criação, localizadas no mapa (veja mapa 8 – RAs), exceto aquelas para as quais não se possuem dados para a localização.

TABELA 3 — DISTRITO FEDERAL – Regiões administrativas

RA-I Brasília	Lei nº 4.545 de 10/12/1964
RA-II Gama	Lei nº 4.545 de 10/12/1964
RA-III Taguatinga	Lei nº 4.545 de 10/12/1964
RA-IV Brazlândia	Lei nº 4.545 de 10/12/1964
RA-V Sobradinho	Lei nº 4.545 de 10/12/1964
RA-VI Planaltina	Lei nº 4.545 de 10/12/1964
RA-VII Paranoá	Lei nº 4.545 de 10/12/1964
RA-VIII Núcleo Bandeirante	Lei nº 049 de 25/10/1989
RA-IX Ceilândia	Lei nº 049 de 25/10/1989
RA-X Guará	Lei nº 049 de 25/10/1989
RA-XI Cruzeiro	Lei nº 049 de 25/10/1989
RA-XII Samambaia	Lei nº 049 de 25/10/1989
RA-XIII Santa Maria	Lei nº 348 de 4/11/1992
RA-XIV São Sebastião	Lei nº 705 de 10/5/1994
RA-XV Recanto das Emas	Lei nº 510 de 28/7/1993
RA-XVI Lago Sul	Lei nº 643 de 10/1/1994
RA-XVII Riacho Fundo	Lei nº 620 de 15/12/1993
RA-XVIII Lago Norte	Lei nº 641 de 10/1/1994
RA-XIX Candangolândia	Lei nº 658 de 27/1/1994
RA-XX Águas Claras	Lei nº 3.153 de 6/5/2003
RA-XXI Riacho Fundo II	Lei nº 3.153 de 6/5/2003
RA-XXII Sudoeste/Octogonal	Lei nº 3.153 de 6/5/2003
RA-XXIII Varjão	Lei nº 3.153 de 6/5/2003
RA-XXIV Park Way	Lei nº 3.255 de 29/12/2003
RA-XXV SCIA (2)	Lei nº 3.315 de 27/1/2004
RA-XXVI Sobradinho II	Lei nº 3.314 de 27/1/2004
RA-XXVII Jardim Botânico	Lei nº 3.435 de 31/8/2004
RA-XXVIII Itapuã	Lei nº 3.527 de 3/1/2005
RA-XXIX SIA	Lei nº 3.618 de 14/7/2005

Fonte: Diário Oficial do Distrito Federal.

Nota: Entre 2003 e 2005 foram criadas 10 novas regiões administrativas, perfazendo um total de 29. As novas RAs são: XX Águas Claras (até então fazia parte da RA de Taguatinga), XXI Riacho Fundo II, XXII Sudoeste/Octogonal (fazia parte da RA do Cruzeiro), XXIII Varjão (fazia parte do Lago Norte), XXIV Park Way, XXV Setor Complementar de Indústria e Abastecimento, XXVI Sobradinho II, XXVII Jardim Botânico, XXVIII Itapuã e a XXIX SIA. Porém, não há ainda dados sobre população e área que reflitam estas novas RAs (veja mapa 8 – RAs).

MAPA 8 — DISTRITO FEDERAL – REGIÕES ADMINISTRATIVAS (RAs)

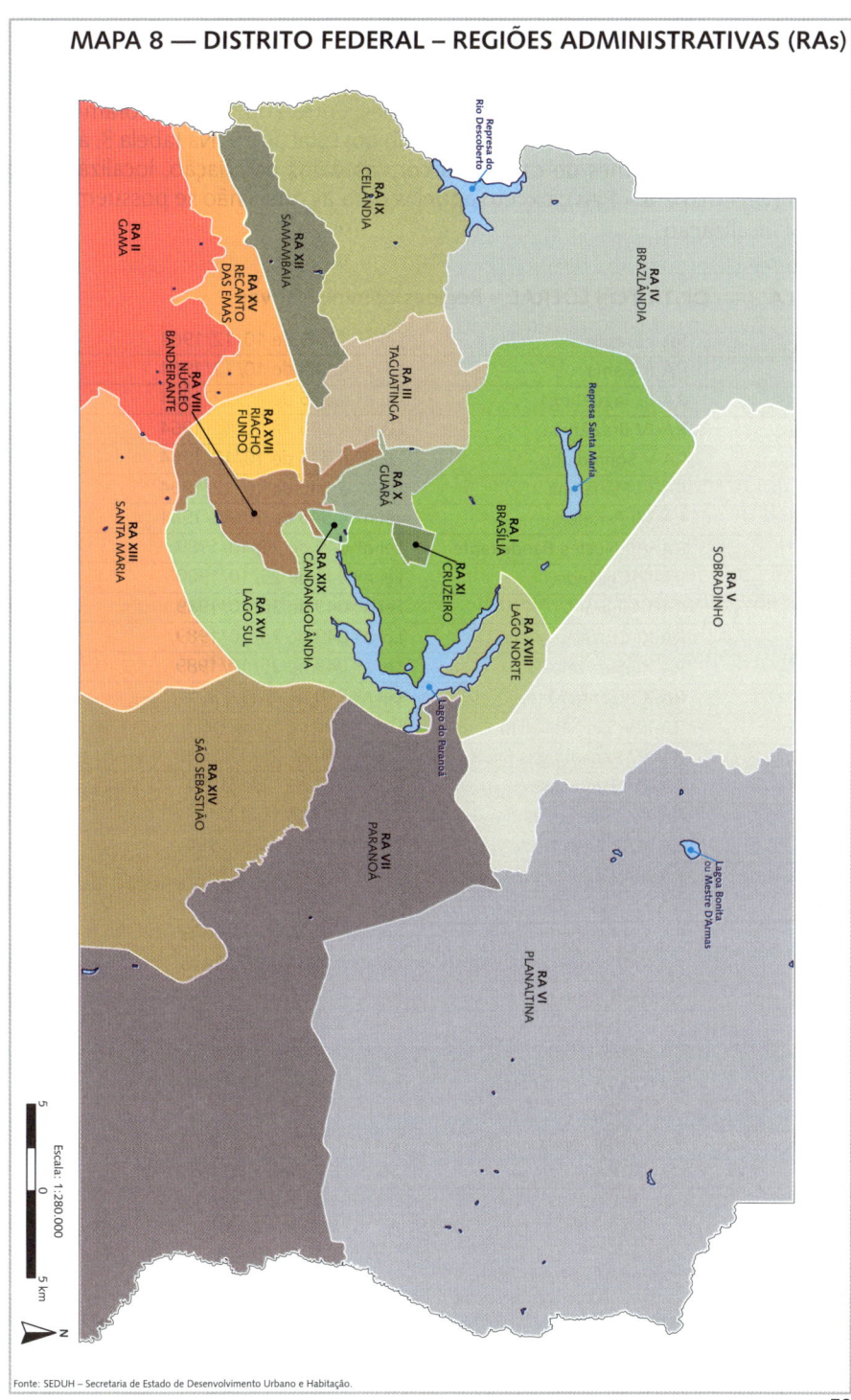

Fonte: SEDUH – Secretaria de Estado de Desenvolvimento Urbano e Habitação.

A ORGANIZAÇÃO DO ESPAÇO RURAL

As atividades agropecuárias do Distrito Federal são exercidas por 4,4% da população total, ou seja, 89.647 pessoas ocupam aproximadamente 1.356,33 km² e contribuíam, em 1999, com apenas 0,47% do PIB local. O espaço agrícola, entretanto, passou por transformações significativas desde 1956 até os dias atuais, inclusive quanto aos objetivos da produção.

A idéia, nos primeiros tempos de Brasília, consistia em desenvolver a agropecuária para abastecer a população urbana e evitar, o máximo possível, produtos vindos de fora. Com esse objetivo, foi instalado o primeiro núcleo rural em 1957, chamado Vargem da Bênção, em uma área de 30 mil ha, na atual RA-XV Recanto das Emas. Nesse período, o GDF utilizou como instrumentos para implantar projetos rurais e desenvolver o campo, a posse da terra pelo governo e a política de arrendamento.

Os projetos agrícolas caracterizavam-se pela distribuição de pequenos lotes, em regime de arrendamento por 15 anos, renováveis por igual período e passíveis de serem transmitidos aos herdeiros. Os arrendatários eram escolhidos de acordo com um sistema de pontuação que privilegiava os mais pobres e necessitados de habitação. Muitos lotes, porém, terminaram como chácaras de recreio, invadidos por moradores urbanos, ou doados pelo governo, que os utilizou para tornar a transferência para Brasília mais atraente. A área em que foi instalada a Vargem da Bênção, por exemplo, já estava ocupada por 42 chácaras particulares.

Depois de 1962, o governo empenhou-se em regularizar a situação fundiária, pois extensas áreas ainda não haviam sido desapropriadas, principalmente as que cercavam os núcleos urbanos anteriores ao Distrito Federal, como Brazlândia e Planaltina, nos quais fazendas antigas e invasões eram comuns. A implantação de núcleos rurais para o abastecimento de hortifrutigranjeiros ganhou impulso com o fornecimento de infra-estrutura para escoamento e venda da produção, assistência técnica e créditos aos pequenos agricultores. Procurou-se atrair ocupantes com experiência e capacidade econômica para realizar o trabalho agrícola, como japoneses e seus descendentes instalados em núcleos rurais das atuais RA-III Taguatinga e RA-VIII Núcleo Bandeirante. Entretanto, poucos agricultores prosperaram, pois continuou difícil obter crédito e assistência técnica. O governo procurou diversificar as atividades agropecuárias, com a criação das "áreas isoladas", cujos lotes maiores permitiam a instalação de uma agricultura mais capitalizada e moderna.

O final da década de 70 marcou nova mudança no espaço agrícola do Distrito Federal, com a implantação do Programa de Assentamento Dirigido do Distrito Federal (PAD-DF), para o qual vieram agricultores sulistas em regime de cooperativas. O PAD-DF, localizado na porção sudoeste da atual RA-VII Paranoá, introduziu a agricultura empresarial, moderna e mecanizada, de produção de grãos para exportação. Esse empreendimento, na fronteira com os municípios de Cristalina, Luziânia e Cabeceira Grande, levou à formação de uma grande área de produção moderna de grãos, estimulada pelo Programa de Desenvolvimento dos Cerrados (Prodecer).

O crescimento mundial da demanda por grãos tornou rentável a exploração econômica e empresarial de propriedades rurais privadas, que não haviam sido desapropriadas, e que passaram a ser cultivadas. No Distrito Federal, destaca-se a produção de grãos, principalmente de milho e soja, cuja quantidade, em 2000, foi de 138.725,34 ton e 92.931 ton, respectivamente, e em 2004 pulou para 187.668,00 ton e 134.639,00 ton. O feijão, que estava em terceiro lugar em 2000, com uma produção de 32.036,19 ton, perdeu espaço para outras culturas e reduziu-se para 18.488,00 ton em 2004.

As grandes áreas produtoras de grãos encontram-se na RA-VI Planaltina e na RA-VII Paranoá, onde se destaca o PAD-DF, apesar de se encontrarem também núcleos e colônias agrícolas, compostas de terras públicas. Parte das terras foi vendida e pertence a pequenas e grandes propriedades particulares. As áreas públicas rurais, divididas em pequenos módulos para a produção de hortifrutigranjeiros, encontram-se disseminadas em todas as regiões administrativas, com destaque para a porção oeste, onde sobressai o Programa Integrado da Colônia Alexandre de Gusmão (Picag), na RA-IV Brazlândia (veja mapa 9 – ÁREAS AGRÍCOLAS).

Em fins da década de noventa, iniciou-se nova política para as áreas públicas rurais. Em 1998, os arrendamentos estenderam-se para 50 anos renováveis o que, na prática, significava a propriedade dos imóveis pelos ocupantes. Em 6 de setembro de 2005, o Decreto n.º 26.196 permitiu a licitação e venda das terras rurais, que passarão a seguir apenas as restrições impostas pela legislação federal, entre elas a obrigatoriedade de módulos mínimos e o respeito às determinações da Área de Proteção Ambiental do Planalto Central, como veremos no Capítulo 5. O decreto significa a privatização do campo no Distrito Federal e abre possibilidades para mudanças radicais, ainda não perfeitamente previsíveis.

Entretanto, um aspecto que já se pode verificar antes mesmo da possibilidade da venda dos imóveis rurais é a forte concentração fundiária, como se observa nos gráficos 2 e 3. No primeiro deles (gráfico 2), que mostra as classes de área em relação ao total de imóveis, verifica-se que atualmente 66% do total dos imóveis possuem entre menos de 1 a menos de 10 ha, enquanto 3% pertencem à classe de área entre 200 a mais de 10 mil ha.

Gráfico 2 — Distrito Federal – Classe de área (ha)/Total de imóveis – 1998.

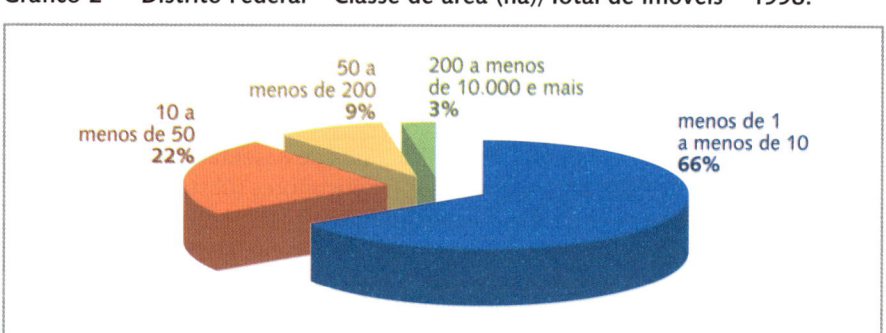

Fonte: Ministério do Desenvolvimento Agrário – Instituto Nacional de Colonização e Reforma Agrária – Incra – Superintendência Nacional do Desenvolvimento Agrário – Coordenação Geral Técnica – Divisão de Ordenamento Territorial. In: *Anuário Estatístico do Distrito Federal* – 2002.

MAPA 9 — DISTRITO FEDERAL – ÁREAS AGRÍCOLAS

GRANDES CULTURAS

Espaços ocupados com culturas de ciclo curto (anuais) que se utilizam de tecnologias de irrigação. As principais culturas são as seguintes: sorgo, soja, algodão, milho, feijão, dentre outras.

HORTIFRUTIGRANJEIROS

Áreas de pequenas e médias propriedades agrícolas com predomínio de plantações de hortaliças e atividades de granja. As principais culturas são: tomate, morango, alface, chuchu, dentre outras.

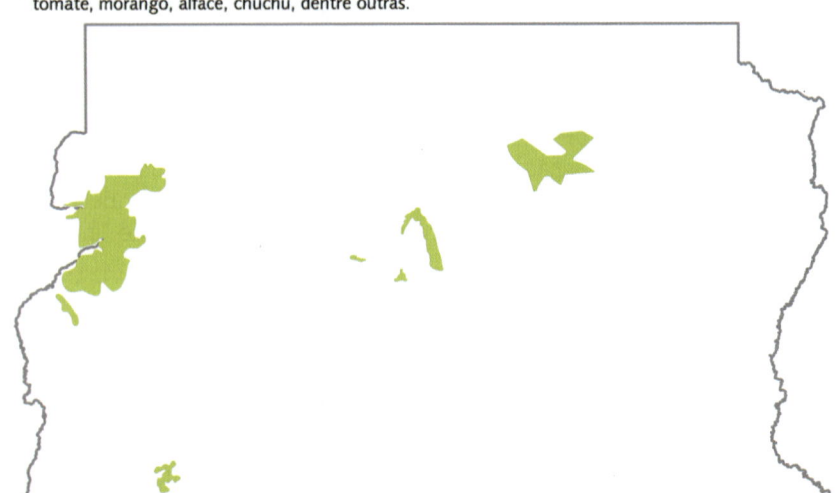

Fonte: ANJOS , R. S. A. Mapa Imagem Multitemporal do Distrito Federal – 1987-1997 Mapas Editora & Consultoria – 1998 Brasília
Anjos, R. S. A. Calendário Geográfico de Brasília – 2000. CIGA-UnB – 2000, Brasília-DF. Adaptado.

No gráfico a seguir (gráfico 3), verifica-se que 50% da área rural total é ocupada por imóveis da classe de área de 200 a mais de 10 mil ha, enquanto 7% da área rural total é ocupada por imóveis com os menores módulos, entre menos de 1 a menos de 10 ha.

Gráfico 3 — Distrito Federal – Área rural total (ha)/Classes de área (ha) – 1998.

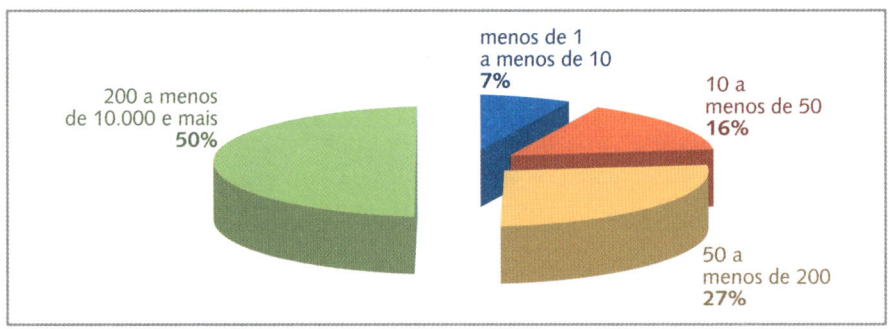

Fonte: Ministério do Desenvolvimento Agrário – Instituto Nacional de Colonização e Reforma Agrária – Incra – Superintendência Nacional do Desenvolvimento Agrário – Coordenação Geral Técnica – Divisão de Ordenamento Territorial. In: *Anuário Estatístico do Distrito Federal* – 2002.

Relacionando os dados dos gráficos 2 e 3, pode-se concluir que 3% dos imóveis rurais do Distrito Federal ocupam 50% da área rural total, o que confirma uma grande concentração fundiária.

O desenvolvimento da agricultura no Distrito Federal defronta-se com dois obstáculos. O primeiro deles é o grande número de áreas de preservação e de conservação, que funciona como barreira para a expansão física das atividades agropecuárias e reposição das áreas rurais transformadas em terra urbana.

O segundo é a própria expansão da cidade, em que ocorre a ocupação horizontalizada do solo, que vai transformando núcleos e colônias agrícolas em áreas urbanas e em chácaras de recreio. O processo de urbanização ocorre em todas as áreas rurais públicas ou privadas, mas as colônias agrícolas de Riacho Fundo e Vicente Pires são casos emblemáticos. As duas colônias encontram-se situadas na porção sudoeste, uma área dinâmica de grande expansão urbana, com tendência à conurbação, inclusive com os municípios limítrofes. As terras foram gradativamente tomadas por loteamentos irregulares e aquelas em que ainda persiste a prática agrícola denominam-se atualmente de "áreas rurais remanescentes".

A REGIÃO INTEGRADA DE DESENVOLVIMENTO DO DISTRITO FEDERAL E ENTORNO – RIDE

A mancha urbana do Distrito Federal continua além de suas fronteiras. A implantação de Brasília levou à formação de uma área direta de influência da Capital Federal, denominada de Entorno, formada por municípios de Minas Gerais e Goiás. A população da área cresce aceleradamente pela contínua expulsão de moradores do Distrito Federal. Pesquisas mostram que 40% dos residentes no Entorno já moraram no Distrito Federal. Novos migrantes de menor renda, que procuram a Capital, já se localizam em loteamentos na periferia externa ao quadrilátero do Distrito Federal. As taxas de acréscimo populacional são muito altas e atingiram 5,52% ao ano entre 1991 e 2000. O conjunto urbano composto pelo Distrito Federal e municípios do Entorno forma uma verdadeira metrópole nacional, denominada pelo Instituto de Pesquisa Econômica Aplicada (Ipea) de Aglomerado Urbano de Brasília, e comportava 2.743.461 habitantes em 2000, atrás apenas de São Paulo, Rio de Janeiro, Salvador, Belo Horizonte e Fortaleza.

A formação de um cinturão de pobreza, exclusão e violência ao redor da Capital Federal era do conhecimento das autoridades desde o início da construção da cidade, tanto que projetos de intervenção foram propostos em 1966. Nesse ano, criou-se o Fundo de Desenvolvimento do Distrito Federal (Fundefe), que aplicaria 20% das receitas do Distrito Federal no desenvolvimento regional, o que não aconteceu. Em 1975, o Programa Especial da Região Geoeconômica de Brasília (Pergeb), articulado ao Programa de Desenvolvimento dos Cerrados (Polocentro), levou à implantação de infra-estruturas, ao incremento da agricultura moderna e à pecuária de corte como um freio à expansão do próprio Distrito Federal.

Entretanto, somente pequenas parcelas da população se beneficiaram das ações governamentais, como os grupos ligados à moderna agricultura de produção de grãos. As sedes municipais também se modernizaram, mas estão circundadas por loteamentos pobres e carentes, cujos moradores trabalharam e consomem basicamente no Distrito Federal.

A manutenção da precariedade do Entorno exigiu novas medidas de planejamento regional. Assim, por meio da Lei Complementar n.º 94, de 19 de fevereiro de 1998, posteriormente regulamentada pelos Decretos 2.710/98 e 3.445/00, foi autorizada a articulação administrativa entre a União, o Distrito Federal, os estados e municípios que vieram a compor oficialmente a Região Integrada de Desenvolvimento do Distrito Federal e Entorno – Ride (veja mapa 1 – RIDE, pág. 16).

SAIBA MAIS

Lei Complementar n.º 94, de 19 de fevereiro de 1998.

Autoriza o Poder Executivo a criar a Região Integrada de Desenvolvimento do Distrito Federal e Entorno (Ride) e instituir o Programa Especial de Desenvolvimento do Entorno do Distrito Federal, e dá outras providências.

O **PRESIDENTE DA REPÚBLICA** faz saber que o Congresso Nacional decreta e sanciona a seguinte Lei Complementar:

Art. 1.º É o Poder Executivo autorizado a criar, para efeitos de articulação da ação administrativa da União, dos Estados de Goiás e Minas Gerais e do Distrito

Federal, conforme previsto nos arts. 21, inciso IX, 43 e 48, inciso IV, da Constituição Federal, a Região Integrada de Desenvolvimento do Distrito Federal e Entorno – Ride.

§ 1.º A Região Administrativa de que trata este artigo é constituída pelo Distrito Federal, pelos Municípios de Abadiânia, Água Fria de Goiás, Águas Lindas, Alexânia, Cabeceiras, Cidade Ocidental, Cocalzinho de Goiás, Corumbá de Goiás, Cristalina, Formosa, Luziânia, Mimoso de Goiás, Novo Gama, Padre Bernardo, Pirenópolis, Planaltina de Goiás, Santo Antônio do Descoberto, Valparaíso e Vila Boa, no Estado de Goiás, e de Unaí e Buritis, no Estado de Minas Gerais.

§ 2.º Os Municípios que vierem a ser constituídos a partir de desmembramento de território de Município citado no § 1.º deste artigo passarão a compor, automaticamente, a Região Integrada de Desenvolvimento do Distrito Federal e Entorno.

Como resultado da construção de Brasília e do crescimento demográfico intenso que a cidade experimentou desde a sua inauguração, os municípios do Entorno passaram, por sua vez, por um crescimento acelerado, processado no sentido da criação e ampliação de núcleos populacionais já existentes. Os municípios mais próximos ao DF, como Planaltina de Goiás, Águas Lindas, Santo Antônio do Descoberto, Valparaíso, Novo Gama, Cidade Ocidental e Padre Bernardo, por exemplo, são caracterizados por uma elevada dependência da rede de serviços e dos empregos ofertados no Distrito Federal (veja mapa 10 – DENSIDADE DEMOGRÁFICA).

A preocupação maior da Ride dirige-se à coordenação de serviços públicos em comum entre o governo federal e os demais entes federados. O Conselho Administrativo da Ride (Coaride) dirige-se principalmente para ações na área de infra-estrutura, geração de emprego e renda, realizando convênios e alocação de recursos orçamentários, com os quais se pretende beneficiar localidades onde as carências de todos os tipos, além de sérios problemas ambientais, acumulam-se e afetam a qualidade de vida dos habitantes.

MAPA 10 — ENTORNO DO DISTRITO FEDERAL – DENSIDADE DEMOGRÁFICA

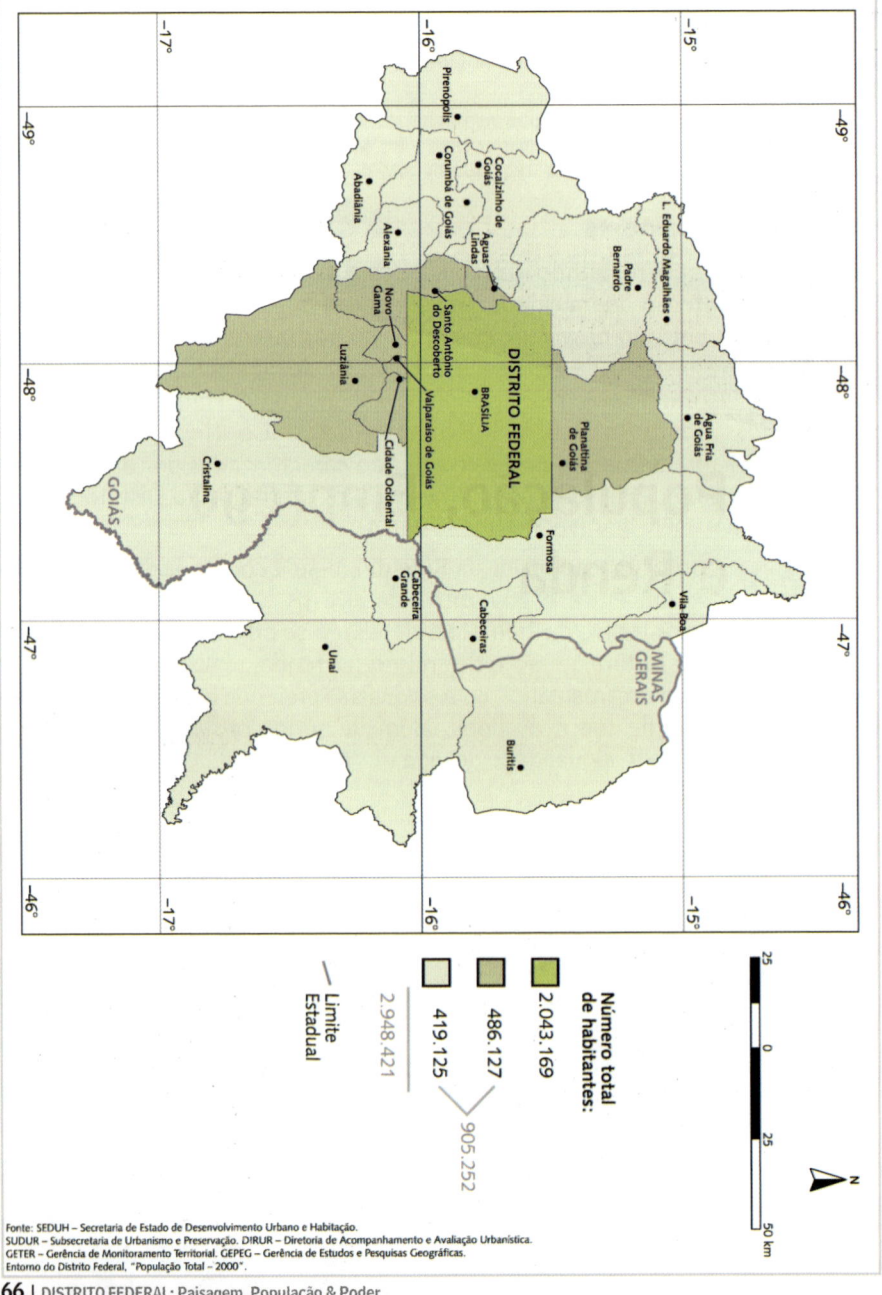

Número total de habitantes:

- 2.043.169
- 486.127
- 419.125
- 2.948.421 — 905.252

— Limite Estadual

Fonte: SEDUH – Secretaria de Estado de Desenvolvimento Urbano e Habitação.
SUDUR – Subsecretaria de Urbanismo e Preservação. DIRUR – Diretoria de Acompanhamento e Avaliação Urbanística.
GETER – Gerência de Monitoramento Territorial. GEPEG – Gerência de Estudos e Pesquisas Geográficas.
Entorno do Distrito Federal, "População Total – 2000".

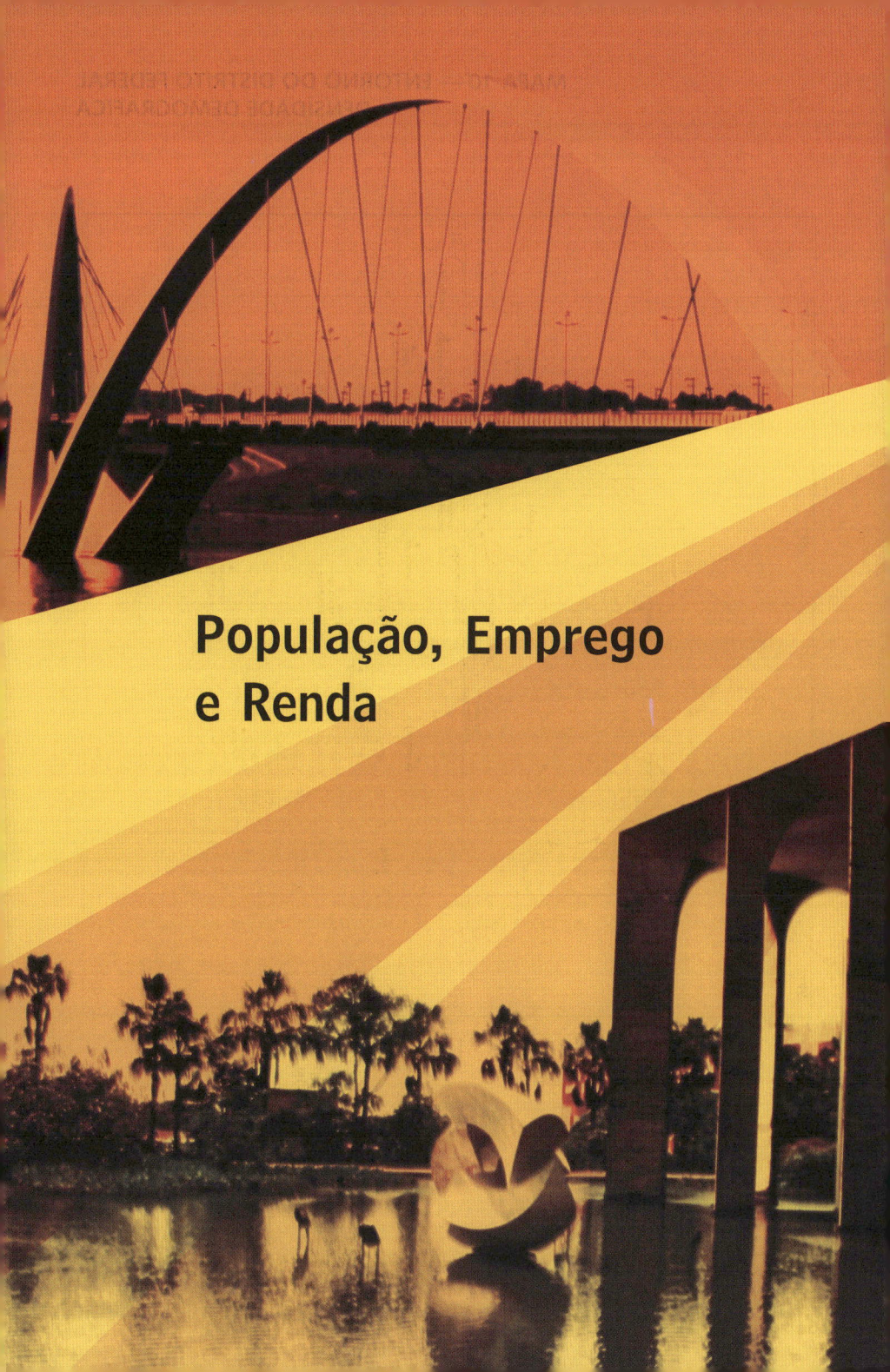

População, Emprego e Renda

capítulo QUATRO
POPULAÇÃO, EMPREGO E RENDA

POPULAÇÃO DO DISTRITO FEDERAL

Crescimento Populacional

A população do Distrito Federal cresceu intensamente nos primeiros anos da construção de Brasília e continua crescendo a taxas elevadas. Alguns fatores explicam este notável crescimento: o êxodo do campo provocado pela modernização e concentração da propriedade, uma característica marcante da estrutura fundiária brasileira. Os centros urbanos, ao oferecerem emprego e renda para a população rural em atividades que exigem pouca especialização, são o desaguadouro do processo de migração dos mais pobres. Nos primórdios de Brasília, a construção civil era o principal fator de atração da população migrante de baixa renda, enquanto a transferência dos órgãos públicos e seus funcionários responderam pela migração da população de renda média e alta. A estes se juntam os prestadores de serviços de todas as classes de renda. A tabela a seguir (tabela 4) permite comparar as taxas de crescimento anual e as taxas de urbanização do Brasil e do Distrito Federal.

TABELA 4 — Taxas de crescimento anual e taxas de urbanização do Brasil e do Distrito Federal – 1960-2000

Ano	População		Taxa de cresc. anual (%)		Taxa de urbanização (%)	
	Brasil	DF	Brasil	DF	Brasil	DF
1960	70.070.457	140.164	3,0	–	44,7	63,0
1970	93.139.037	537.492	2,9	14,4	55,9	96,0
1980	119.002.706	1.176.935	2,5	8,2	67,6	96,8
1991	146.825.475	1.601.094	1,9	2,8	75,6	94,7
2000	169.544.443	2.051.146	1,6	2,8	81,2	95,7

Fonte: IBGE, *Censos demográficos* – 1960-2000.

Verifica-se que a taxa de crescimento anual sempre foi elevada e manteve-se acima da média, apesar da redução ocorrida na última década. As taxas de urbanização sempre foram mais elevadas do que a média nacional, o que se justifica pela própria idéia do projeto, no qual a cidade é o elemento-chave, aglutinador do espaço.

Pessoas de todo o país acorreram para a construção da Capital da República, principalmente da Região Nordeste, de onde veio o maior número de migrantes, como se pode ver no gráfico a seguir (gráfico 4). A concentração fundiária e a estiagem da Região Nordeste são as principais causas de emigração: os períodos de seca expulsam os agricultores que migram para as cidades, nas quais encontram emprego e renda. Neste caso encontra-se Brasília, que ao concentrar atividades, atrai população.

Isso não significa, entretanto, que apenas migrantes de baixa renda da Região Nordeste vieram para a Capital Federal, pois eles são encontrados em todas as camadas sociais e em todas as atividades.

GRÁFICO 4 — Naturalidade da População segundo as Grandes Regiões, Distrito Federal e Entorno – 2004

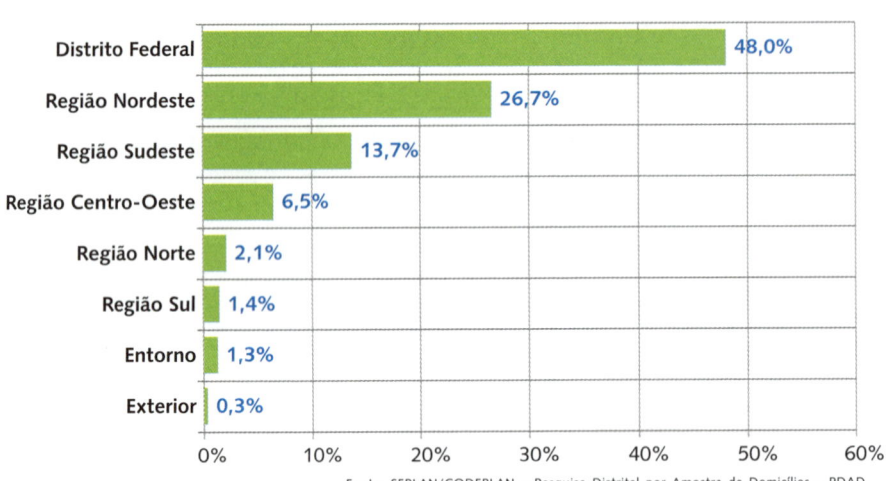

Fonte: SEPLAN/CODEPLAN – Pesquisa Distrital por Amostra de Domicílios – PDAD.

Depois de quatro décadas e meia, os naturais do Distrito Federal já são quase a metade dos moradores da cidade, cerca de 48%. A Região Nordeste, que sempre contribuiu com grandes contingentes populacionais para a nova Capital, ainda hoje constitui o grupo mais numeroso de migrantes, com 26,7%, seguida da Região Sudeste (13,7%) e um contingente de 1,4% oriundo da Região Sul. O Entorno, para o qual migra a população que não consegue se manter dentro do quadrilátero, também contribui com pequeno contingente de migrantes, apenas 1,3% dos residentes.

As tabelas a seguir (tabelas 5 e 6) são uma síntese não só do crescimento da população da cidade, mas também da ocupação territorial desde 1959, na qual se observa o aparecimento de novos núcleos urbanos e os movimentos internos que deslocam a população, provocados pelas diversas políticas habitacionais.

TABELA 5 — DISTRITO FEDERAL – População urbana do Distrito Federal por localidades – 1959-2000

Localidades	1959	1960	1964	1970	1980	1991	1995	2000
Plano Piloto	23.834	68.665	90.582	159.951	252.543	257.849	236.630	198.422
Gama	–	–	27.524	74.585	139.016	152.338	117.160	322.546
Taguatinga	3.677	26.111	65.947	109.383	199.916	227.749	246.790	243.575
Brazlândia[1]	18.807	14.538	17.599	9.910	22.504	41.111	44.980	52.698
Sobradinho	–	8.478	19.247	39.982	69.094	81.333	90.550	128.789
Planaltina	2.245	2.917	4.223	19.349	47.364	90.882	101.080	147.114
Núcleo Bandeirante	15.751	21.033	40.235	11.576[2]	32.285	47.377	22.520	36.472
Ceilândia	–	–	–	85.263	279.977	363.467	381.720	344.039
Guará	–	–	–	27.147	85.510	97.034	105.590	115.385
Cruzeiro	–	–	–	–	35.563[3]	53.661	55.250	63.883
Paranoá	–	–	–	–	13.137	56.090	43.910	119.224
Samambaia	–	–	–	–	–	126.383	140.870	164.319
Lago Sul	–	–	–	–	–	–	35.450	28.137
Lago Norte	–	–	–	–	–	–	21.060[4]	2.950
Santa Maria	–	–	–	–	–	–	81.230	98.679
São Sebastião	–	–	–	–	–	–	27.420	64.322
Recanto das Emas	–	–	–	–	–	–	30.480	93.287
Riacho Fundo	–	–	–	–	–	–	18.220	41.404
Candangolândia	–	–	–	–	–	–	15.960	15.634
Distrito Federal	**64.324**	**141.742**	**265.357**	**534.146**	**1.176.908**	**1.596.274**	**1.816.860**	**2.051.146**

Fontes: CODEPLAN, 1996, IBGE, *Censos Demográficos* – 1960, 1970, 1980, 1991, 2000.

Nota: Não se possui ainda dados desagregados das regiões administrativas mais recentes.

[1] Em 1957, os números de Brazlândia incluíam a área rural de Bananal e outras. Só a partir de 1970, passou a constar em separado.

[2] A redução da população do Núcleo Bandeirante foi devido à retirada de invasões para Ceilândia e modificação do traçado, que terminou por expulsar grande número de moradores.

[3] O Cruzeiro é anterior a 1980, mas antes dessa data seus dados eram somados aos do Plano Piloto.

[4] Até então, Lago Sul e Lago Norte eram agregados ao Plano Piloto.

Algumas observações podem ser feiras a partir da tabela 6. São Sebastião e Recanto das Emas, que surgem como núcleos urbanos pequenos, em 1995, transformaram-se, em 2000, em núcleos de grande porte: Recanto das Emas triplicou a população e São Sebastião mais que dobrou. Candangolândia e Lago Sul perderam população por causa da transferência de invasores de sua área. Já o Plano Piloto perdeu população pelo desmembramento das novas regiões administrativas do Lago Norte e Lago Sul. Riacho Fundo, que surgiu da invasão de terras por condomínios de renda média e alta, quase triplicou a população em cinco anos.

O crescimento desigual das regiões administrativas, aliado às suas diferentes áreas, faz com que as densidades populacionais no Distrito Federal sofram grandes variações, como pode ser visto na tabela a seguir (tabela 6).

TABELA 6 — DISTRITO FEDERAL – Indicadores de densidade demográfica por Região Administrativa – 2000

Regiões Administrativas	Área\km²	População	Densidade Demográfica	% Pop. RA DF	% Área RA DF
RA-I Brasília	472,2	198 422	420,21	9,67	8,16
RA-II Gama	276,34	130.580	472,53	6,37	4,77
RA-III Taguatinga	124,61	243.575	1.954,70	11,88	2,15
RA-IV Brazlândia	474,83	.52 698	110,98	2,57	8,2
RA-V Sobradinho	572,61	128.789	224,92	6,28	9,89
RA-VI Planaltina	1.534,67	147.114	95,86	7,17	26,51
RA-VII Paranoá	853,33	54.902	64,34	2,68	14,74
RA-VIII Núcleo Bandeirante	80,43	36.472	453,46	1,78	1,39
RA-IX Ceilândia	230,34	344.039	1.493,61	16,77	3,98
RA-X Guará	45,31	115.385	2.546,57	5,63	0,78
RA-XI Cruzeiro	8,97	63.883	7.121,85	3,11	0,15
RA-XII Samambaia	102,64	164.319	1.600,93	8,01	1,77
RA-XIII Santa Maria	215,86	98.679	457,14	4,81	3,73
RA-XIV São Sebastião	383,72	64.322	167,63	3,14	6,63
RA-XV Recanto das Emas	101,22	93.287	921,63	4,55	1,75
RA-XVI Lago Sul	183,39	28.137	153,43	1,37	3,17
RA-XVII Riacho Fundo	56,02	41.404	739,09	2,02	0,97
RA-XVIII Lago Norte	66,09	29.505	446,44	1,44	1,14
RA-XIX Candangolândia	6,62	15.634	2.361,63	0,76	0,11
Distrito Federal	**5.789,19**	**2.051.146**	**354,31**	**100,00**	**100,00**

Fontes: IBGE – Censo Demográfico/2000. **Anuário Estatístico do Distrito Federal** – 2002.

Observa-se que as maiores densidades, 7.121,85 hab/km², se encontram no Cruzeiro, uma área eminentemente urbana. Entretanto, o Lago

Sul é igualmente uma área totalmente urbana, mas suas densidades são bem mais baixas, isto é, 153,43 hab/km². A diferença está no tipo de habitação: no Cruzeiro vêem-se prédios de apartamento que variam entre 3 e 6 andares, enquanto no Lago Sul as habitações são individuais, situadas em terrenos que podem chegar a 3.000 m². As menores densidades estão nas regiões administrativas grandes, com áreas rurais de importância – Paranoá, com 64,34 hab/km² e Planaltina, com 95,86 hab/km². Riacho Fundo também é um caso interessante de área de densidade elevada (739,09 hab/km²), apesar de abrigar predominantemente casas. Os terrenos porém, são pequenos e como é uma área invadida, a terra foi aproveitada ao máximo, deixando pouco espaço para áreas comuns e de serviços públicos e privados.

Estrutura Etária

As pirâmides de idades do Distrito Federal (pirâmides etárias 1 e 2) mostram que o crescimento vegetativo, apesar da redução observada, continua com saldo positivo. A projeção para 2005 mostra, inclusive, um pequeno aumento da natalidade, ao contrário do que se pode observar na pirâmide de idade do Brasil (pirâmide etária 3), na qual se vê uma diminuição bastante acentuada da população de 0 a 4 anos. O motivo é a elevada taxa de crescimento anual ocasionada pela migração ainda bastante acentuada.

PIRÂMIDE ETÁRIA 1 — DISTRITO FEDERAL (População total: 2.051.146 hab. projetada em 1.º de julho) – 2000

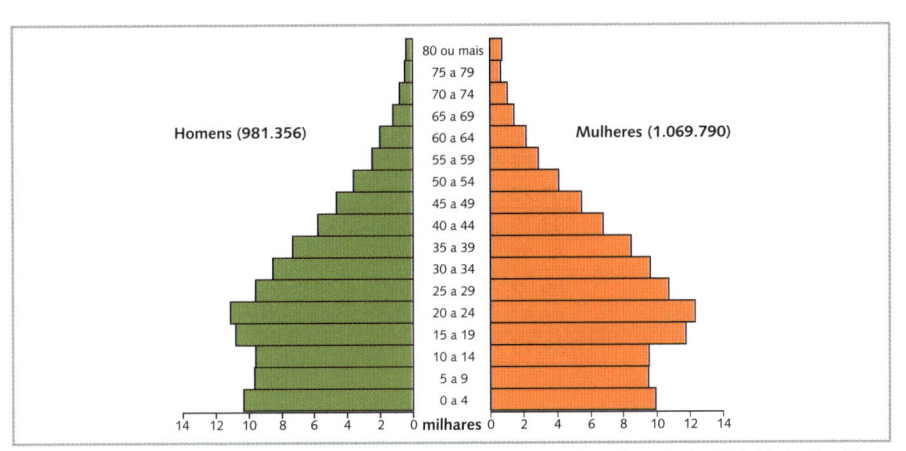

© Uenderson Rocha & Washington Candido.

Fonte: *Anuário Estatístico do Distrito Federal* – 2002.

PIRÂMIDE ETÁRIA 2 — DISTRITO FEDERAL (População total: 2.277.259 hab. projetada em 1.º de julho) – 2005

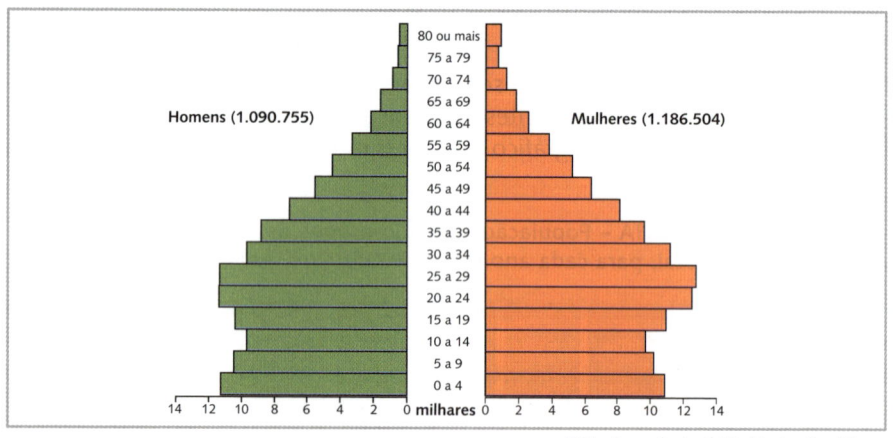

© Uenderson Rocha & Washington Candido.
Fonte: *Anuário Estatístico do Distrito Federal* – 2002.

PIRÂMIDE ETÁRIA 3 — BRASIL – Composição, por sexo e grupos de idade da população residente total – período: 1980-2000

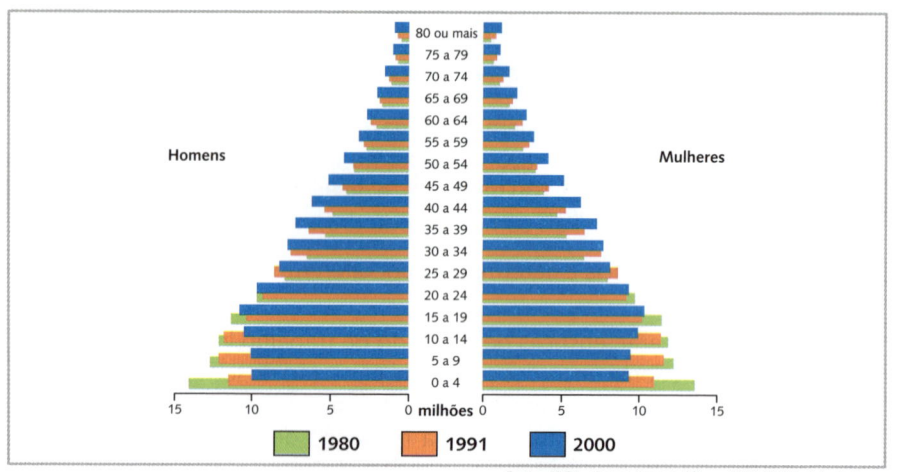

Fonte: IBGE, *Censo Demográfico* – 1980-2000. Adaptado.

Estudos demográficos realizados nas últimas décadas têm demonstrado que a população brasileira sofre um processo de envelhecimento, resultante da conjugação de alguns fatores, entre os quais se destacam:

1. a queda das taxas de fecundidade, ou seja, a redução paulatina do número de filhos nascidos de mulheres em idade reprodutiva, decorrente das mudanças impostas pelo desenvolvimento;

2. os avanços científicos e tecnológicos, associados à maior eficácia e efetividade das políticas públicas, contribuindo para a elevação da expectativa de vida da população.

Esses fatos podem ser observados na população de Brasília, comparando-se os dados referentes aos Censos de 1996 a 2000 e as projeções de 2000 a 2005 contidos no gráfico a seguir (gráfico 5).

GRÁFICO 5 — BRASÍLIA – População segundo grupos de idades (%) em relação à população total, para cada ano (1996-2005)

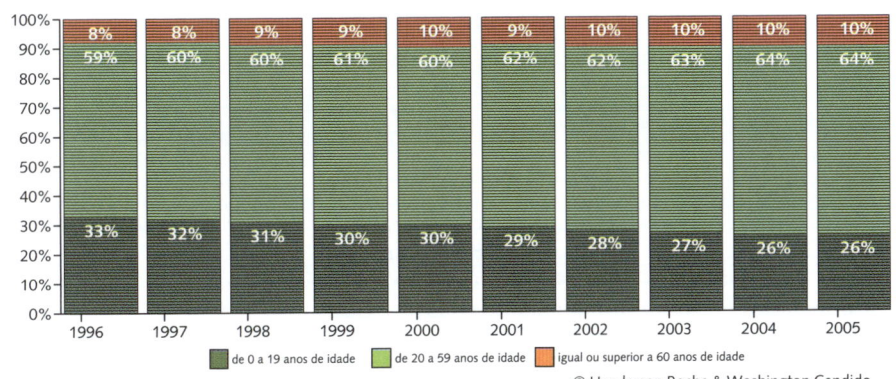

© Uenderson Rocha & Washington Candido.
Fonte: *Anuário Estatístico do Distrito Federal* – 2002.

As mulheres constituem a maioria da população (52,2%), confirmando uma tendência nacional. A razão de sexo no Distrito Federal, expressa pelo número de homens para cada 100 mulheres, é de 91,73, abaixo da registrada no Centro-Oeste (99,38) e no País como um todo (96,87).

Esta tendência é determinada por diferentes fatores, destacando-se, entre eles:

a) as características do mercado de trabalho local com acentuada predominância dos setores de prestação de serviços e de comércio, que tendem a atrair, preferencialmente, a população feminina – o que pode influenciar a migração de mulheres em busca de melhores oportunidades de emprego;

b) as elevadas taxas de mortalidade por causas externas, como acidentes de automóvel e homicídios, que atingem preferencialmente os jovens do sexo masculino na faixa etária de 15 a 29 anos de idade;

c) a tendência já observada, universalmente, à maior longevidade das mulheres, fazendo com que sua participação na população de idosos (acima de 60 anos) seja mais acentuada.

EMPREGOS NO DISTRITO FEDERAL

Brasília foi criada para exercer a função administrativa, à qual todas as outras funções deveriam subordinar-se. Após a emancipação política, que pressupôs também a emancipação econômica, o governo federal financia somente as áreas de segurança, saúde e educação e o GDF deve arcar com as outras despesas decorrentes da administração da cidade. Mostra-se necessário, então, atrair investimentos produtivos que proporcionem os necessários recursos ao governo e aumentem a oferta de empregos. A dificuldade enfrentada para atingir esse objetivo encontra-se, de um lado, na contração econômica e em algumas diretrizes da política monetarista vigente no País nas últimas décadas, da qual decorre a queda da atividade econômica e da oferta de empregos formais; de outro lado, na migração continuada, que exige uma oferta de empregos cada vez maior.

SAIBA MAIS

O desemprego, todavia, não se dá apenas pela dispensa de um certo número de trabalhadores de uma indústria, do comércio e de instituições públicas. A redução de postos de trabalho (ou a não criação de novos) também leva ao desemprego. Para esse processo temos adotado a denominação *lacunas de emprego*, pois é desemprego diverso do primeiro, embora leve também a exclusão e seja difícil de detectar por meios quantitativos, pois acontece silenciosamente.

PAVIANI, Aldo. Gestão do território com exclusão espacial. In PAVIANI, A (org.). *Brasília – gestão urbana:* conflitos e cidadania. Brasília: Editora da Universidade de Brasília, 1999, p. 199.

Em decorrência, o desemprego no DF é muito elevado e a taxa de desemprego, em 2003, atingia 21,4% da população economicamente ativa, como mostra a tabela a seguir (tabela 7).

Tabela 7 — População economicamente ativa, número de ocupados e desempregados e taxa de desemprego – Distrito Federal – 1996-2003[1]

Ano	População Economicamente Ativa [PEA] (em 1.000 pessoas)			Taxa de desemprego (%)
	Total	Ocupados	Desempregados	
1996	830,8	700,5	130,3	15,7
1997	909,7	739,2	170,5	18,7
1998	934,1	746,9	187,2	20,0
1999	965,5	761,9	203,6	21,1
2000	994,1	793,4	200,7	20,2
2001	1.045,7	841,8	203,9	19,5
2002	1.106,9	881,8	225,3	20,3
2003	1.146,2	901,0	245,2	21,4

Fonte: PED/DF (Convênio: STb/GDF, DIEESE e SEADE/SP).
Apoio: Ministério do Trabalho e Emprego – TEM. Fundo de Amparo ao Trabalhador – FAT.

[1] Dados para dezembro de cada ano.

Espacialmente, os empregos concentram-se no Plano Piloto, seguidos de Taguatinga, Guará e Ceilândia, conforme se pode observar no gráfico a seguir (gráfico 6).

Gráfico 6 — Número de empregos formais nas RAs do Distrito Federal

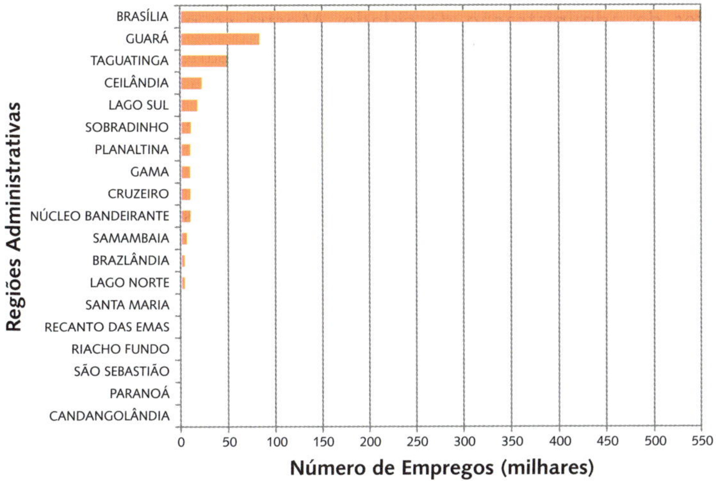

Fonte: Ministério do Trabalho e Emprego, Relação Anual de Informações Sociais – RAIS/2002.

A consolidação de Brasília, na década de 80, provocou uma redução drástica na oferta de empregos na construção civil, o principal incentivo à migração de profissionais de baixa renda para a Capital. Enquanto isso, houve um incremento na participação do setor terciário, em decorrência da transferência dos órgãos públicos e do desenvolvimento e maior complexidade da administração do GDF. Nos anos de 1985 a 1999, a atividade dos setores de defesa e de seguridade social, da administração pública, cresceu quando comparada com o ramo da construção civil. Em 1985, a indústria da construção civil participava com 2,63% do PIB local e a Administração, com 23,43%. Em 1999, as participações eram de 3,98% e 40,49%, respectivamente. A atividade de outros setores, como a intermediação financeira, apesar de diminuir, ainda assim continuou alta – 57,44% em 1985 e 28,81% em 1999. Nesse mesmo período, a participação da indústria de transformação no PIB passou de 2,44% para 2,90%.

Apesar dos esforços em diversificar as alternativas de emprego do DF, a administração pública continua sendo a grande empregadora, participando com 47,5% da oferta total de empregos. As outras atividades, entre as quais se destacam serviços de todos os tipos, comércio, construção civil, agricultura, ramos industriais de minerais não-metálicos e de confecção respondem por todo o restante (52,5%). Assim, Brasília, que tem a administração como sua principal função, firma-se como uma cidade do setor terciário, cujas atividades – neste segmento – contribuem com 2% do PIB nacional.

RENDA DA POPULAÇÃO DO DISTRITO FEDERAL

A distribuição da renda pode ser analisada a partir de um enfoque espacial, que mede as diferenças de renda entre os habitantes das diversas regiões administrativas. O resultado deste tipo de estudo pode ser representado em mapas ou por gráficos e tabelas. Veja-se a renda domiciliar e a distribuição da renda no Distrito Federal no gráfico 7.

SAIBA MAIS

No Distrito Federal, de acordo com a Pesquisa Distrital por Amostra de Domicílios – PDAD, foram encontrados 563.195 domicílios, em 2004, sendo que o número médio de moradores por domicílio urbano é de 3,7 pessoas.

A renda domiciliar média da população do Distrito Federal hoje é da ordem de R$ 2.331,76 (9,0 salários mínimos – SM) e a renda *per capita* é de R$ 625,14 (2,4 SM). Analisando-se a distribuição da renda domiciliar bruta mensal segundo as classes, com base em múltiplos de salários mínimos, verifica-se que o mais significativo é o agrupamento de mais de 1 a 5 salários mínimos, que concentra aproximadamente 39,2% dos domicílios, seguido dos domicílios que recebem até 1 SM (20,3%) e acima de 5 a 10 SM (17,2%). A classe de renda que compreende os domicílios com mais de 10 até 20 SM representa 13,6%, enquanto apenas 9,7% deles auferem rendimentos acima de 20 SM.

GRÁFICO 7 — DISTRITO FEDERAL – Distribuição dos Domicílios, por Classes de Renda Domiciliar Bruta Mensal (em salários mínimos – SM) – 2004

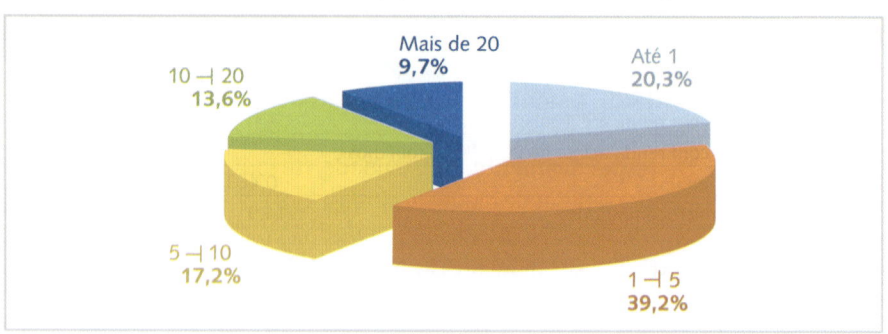

Fonte: SEPLAN/CODEPLAN – Pesquisa Distrital por Amostra de Domicílios – PDAD.

A renda da população do Distrito Federal é muito desigual, como se pode ver no gráfico 7. Do total da população, os 10,0% de menor poder aquisitivo detêm apenas 0,5% da renda média auferida pelos moradores, sendo que os 10,0% de maior poder aquisitivo concentram 42,6% da renda. A desigualdade de renda pode ser medida pelo coeficiente de Gini que, neste caso, é de 0,573.

SAIBA MAIS

Coeficiente de Gini

O coeficiente de Gini é uma medida de desigualdade desenvolvida pelo italiano Conrado Gini e publicada em 1912, usado geralmente para medir a desigualdade da renda, mas pode ser usado para medir todos os casos de distribuição desigual. O coeficiente de Gini é um número que varia entre 0 (zero) e 1 (um), em que 0 (zero) corresponde à igualdade perfeita (todos têm a mesma renda, quando estamos medindo este item) e 1 (um) corresponde à desigualdade perfeita (uma pessoa tem toda a renda, e todos os outros têm renda zero). O índice de Gini é o coeficiente de Gini expresso em porcentagem (é igual ao coeficiente de Gini multiplicado por 100).

TABELA 8 — DISTRITO FEDERAL – Evolução de Alguns Indicadores Socioeconômicos – 1997/2000/2004

Indicadores Socioeconômicos	1997	2000	2004
Renda domiciliar (em salários mínimos)	15,0	11,4	9,0
Renda per capita (em salários mínimos)	3,6	3,0	2,4
Número médio de moradores por domicílio	4,2	3,8	3,7
Razão de sexo[1]	90,9	90,1	88,8
Razão de dependência[2]	48,2	44,5	41,6
% de chefes de domicílio do sexo feminino	22,9	26,1	28,8
Idade média da população	25,9	27,0	29,0
% da população urbana nascida no Distrito Federal	43,9	45,6	48,0
% da população urbana de 60 anos ou mais	4,7	5,3	7,4
Índice de envelhecimento urbano[3]	–	15,4	19,4
% da população analfabeta[4]	–	5,4	3,3
% da população com Ensino Fundamental[5]	39,5	46,5	54,3
% da população com Ensino Médio[6]	24,8	30,1	37,9
% da população com nível superior completo[7]	7,6	9,2	9,3
% de domicílios alugados	18,8	21,4	23,9
% de barracos	10,2	9,0	3,7
% de domicílios com renda até 1 salário mínimo	–	5,4	20,2
% de domicílios com renda acima de 20 salários mínimos	–	14,2	9,6
Coeficiente de Gini	0,463	–	0,573
Domicílios com microcomputador	14,9	–	31,6

Fontes: SEPLAN/CODEPLAN – Pesquisa Distrital por Amostra de Domicílios – PDAD. CODEPLAN – Perfil Socioeconômico das Famílias do Distrito Federal – 1997. CODEPLAN-IBGE – Projeção da População da Região Centro-Oeste e Tocantins – 1997-2000. CODEPLAN – Pesquisa Domiciliar Transporte – 2000.

[1] Relação entre o número total de homens e o total de mulheres.
[2] Relação entre a população dependente (menores de 15 anos + pessoas com idades acima de 65 anos) e a população potencialmente ativa (total de pessoas de 15 a 64 anos).
[3] Relação entre a população com idades de 65 anos ou mais e a população menor de 15 anos multiplicado por cem.
[4] Refere-se às pessoas com 15 anos ou mais de idade.
[5] Refere-se às pessoas que concluíram o Ensino Fundamental, inclusive a população com maior escolaridade.
[6] Refere-se às pessoas que concluíram o Ensino Médio, inclusive a população com maior escolaridade.
[7] Refere-se às pessoas que concluíram o curso superior de graduação.

A tabela 8 é praticamente uma síntese da análise da população e da renda do Distrito Federal. Em primeiro lugar, percebe-se uma nítida redução da renda familiar e da renda *per capita*, à semelhança do que vem ocorrendo no País, e um aumento do índice de Gini. Ainda no item renda, a porcentagem de domicílios que ganham até quatro salários mínimos quadruplicou em cinco anos, enquanto houve um decréscimo da porcentagem de domicílios com renda acima de vinte salários mínimos. Um segundo aspecto relevante é a importância das políticas sociais para a melhoria da vida da população mais pobre, o que pode ser verificado pelo aumento da porcentagem de pessoas com o Ensino Fundamental e Ensino Médio completos e a redução do número de barracos.

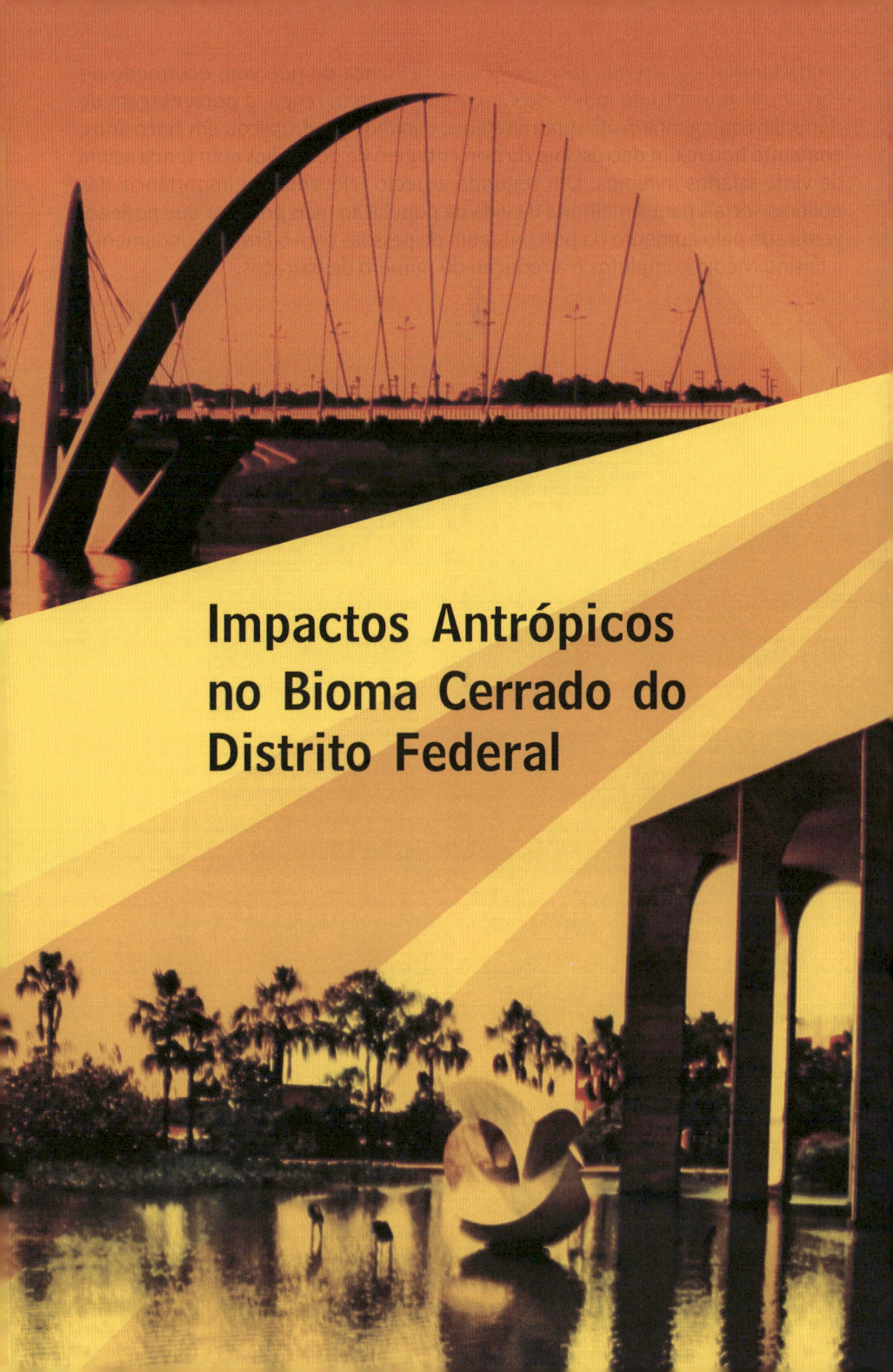

Impactos Antrópicos no Bioma Cerrado do Distrito Federal

capítulo CINCO
IMPACTOS ANTRÓPICOS NO BIOMA CERRADO DO DISTRITO FEDERAL

No contexto preservacionista e conservacionista da implantação de Brasília, o Distrito Federal contou muito cedo com a primeira unidade de conservação, o Parque Nacional, criado em 1961. A preservação da bacia do Paranoá foi uma das diretrizes de políticas públicas desde a década de 70, como o "Plano Diretor de Água, Esgoto e Controle da Poluição do DF" (Planidro), de 1970, que estabeleceu um limite populacional para a bacia do Paranoá e recomendou uma ocupação territorial esparsa, com muitas áreas verdes.

Em 1989, foi promulgada a lei da Política Ambiental do Distrito Federal e, recentemente, em 1997, com o objetivo de manter áreas protegidas e recuperar as que foram degradadas, o Plano Diretor de Ordenamento Territorial (PDOT) definiu a Zona de Conservação Ambiental pelo seu caráter de intangibilidade, por encerrar ecossistemas de grande relevância ecológica e atributos especiais.

SAIBA MAIS

O QUE É O PDOT?
É o instrumento básico da política territorial e de orientação aos agentes públicos e privados que atuam na produção e gestão das localidades urbanas, de expansão urbana e rural do território. No Distrito Federal, a Lei Orgânica define que os instrumentos básicos são o Plano Diretor de Ordenamento Territorial (PDOT) e os Planos Diretores Locais (PDLs).

O QUE É PDL?
É um plano com diretrizes econômicas, sociais, físico-territoriais, ambientais, espaciais e de gestão, com seus correspondentes programas e ações, que assume o papel de instrumento básico da política de desenvolvimento e expansão urbana.

QUAL A DIFERENÇA?
Segundo a Lei Orgânica do Distrito Federal, o PDOT abrange todo o espaço físico do DF e regula, basicamente, a localização dos assentamentos humanos e das atividades econômicas e sociais da população. Enquanto isso, o PDL visa definir normas para cada local especificamente e apenas cinco, das 29 regiões administrativas, têm planos elaborados.

No momento atual, o crescimento urbano parece fazer-se em detrimento do meio natural e da qualidade de vida, seja em grandes metrópoles, ou em pequenas cidades, seja em áreas nobres ou em áreas carentes, e a Capital Federal não é exceção à regra. Os espaços são valorizados e apropriados pelas diversas classes de renda e os vários planos de ordenamento territorial não impediram que as áreas preservadas da cidade fossem ocupadas e gerassem problemas ambientais de toda ordem.

SAIBA MAIS

No Plano Piloto de Brasília, ambiente privilegiado pela beleza da arquitetura, da qualidade de vida, da tecnologia e do desenho urbanos, onde o paisagismo estético substituiu o cerrado, todos os lugares estão valorizados pelo próprio processo que produz a apropriação do seu espaço. Mesmo os lugares periféricos a ele, menos qualificados técnica e socialmente (e os que ainda não possuem os chamados bens de consumo urbano: rede de água, luz, esgoto, telefone etc.), e os que ainda não foram ocupados, as reservas ambientais e rurais, estão repletos de valores que fragmentam e hierarquizam funcionalmente todo seu território numa imensa mancha urbana. Esse processo de fragmentação é que permite a localização dos projetos de expansão urbana, tanto do Governo do Distrito Federal (GDF), propondo novas áreas de adensamento bastante próximas ao Plano Piloto, nas áreas de proteção ambiental e rurais, como os da iniciativa privada, apropriando-se desses lugares para fins de moradia urbana".

PENNA, Nelba Azevedo. Fragmentação do Ambiente Urbano: crises e contradições. In: PAVIANI, Aldo; GOUVÊA, Luiz Alberto de Campos (orgs). *Brasília:* controvérsias ambientais. Brasília: Editora UnB, 2003, p. 57-58.

O rápido processo de urbanização, especialmente as ocupações irregulares realizadas à revelia dos órgãos de planejamento e das diretrizes de ordenamento territorial, atinge as áreas ambientais mais sensíveis. Em decorrência, a redução da qualidade de vida já é um fato no Distrito Federal.

SAIBA MAIS

A partir dos anos 1980, e mais acentuadamente na última década do século XX, as ações no sítio da capital têm intensificado os níveis de danos e de comprometimento ambiental. Atualmente, o diagnóstico ambiental aponta um quadro crítico do DF, especialmente nos núcleos urbanos situados em áreas mais susceptíveis, onde a redução na qualidade de vida é visível, em conseqüência não apenas do desenho pouco adequado e da infra-estrutura deficiente, mas também do processo contínuo de degradação e alteração dos ambientes locais.

ROMERO, Marta Adriana Bustos. In: PAVIANI, Aldo; GOUVÊA, Luiz Alberto de Campos (orgs). *Brasília:* controvérsias ambientais. Brasília: Editora UnB, 2003, p. 250.

Se o crescimento urbano faz-se em detrimento do meio ambiente, as atividades agrícolas, principalmente as monoculturas de exportação, igualmente impactam os recursos naturais das áreas susceptíveis e frágeis do bioma cerrado.

A utilização de máquinas para revolver e nivelar a terra, que é feita entre a estação seca e a estação chuvosa, deixa o solo exposto na época das chuvas, o que acelera o processo erosivo e o assoreamento dos rios. O uso de pesticidas e fungicidas afeta o homem e o meio ambiente, ao contaminar o solo e as águas.

Observa-se, então, que um conjunto de fatores é responsável pela degradação ambiental no Distrito Federal e a ameaça aos recursos hídricos é a face mais visível da contradição entre a ocupação humana e a natureza. Dessa maneira, justamente a abundância de água, tão festejada na escolha do sítio de Brasília e que garantiria o abastecimento por um largo período de tempo, corre os mais sérios riscos.

OCUPAÇÃO DO SOLO E USO DOS RECURSOS HÍDRICOS

O Distrito Federal é uma área de dispersão de bacias e as águas se juntam fora do quadrilátero para formarem rios caudalosos, mantendo-se dentro de seu território os cursos de água menores. Esta particularidade coloca a área em situação crítica na questão da água e é uma das grandes preocupações frente à crescente urbanização e o conseqüente aumento da necessidade de abastecimento. Verificam-se graves conflitos ambientais na ocupação do solo e no uso dos recursos hídricos em todas as bacias hidrográficas do Distrito Federal, podendo-se mencionar de forma sucinta alguns pontos em que os problemas já assumem proporções preocupantes, exigindo soluções de curto e médio prazos:

a) na bacia do Descoberto, onde se localiza nosso maior reservatório de água, manancial de abastecimento público de mais de um milhão de pessoas, há urgente necessidade de disciplina no uso do solo e no tratamento de esgotos dos novos núcleos urbanos irregulares, surgidos nos últimos anos, além dos gerados pelo crescimento explosivo da cidade Águas Lindas, no limite do Distrito Federal. Na área rural, monitoramento e controle do uso de agrotóxicos e racionalização dos processos de irrigação, visando garantir a preservação da qualidade e da quantidade de água, são medidas necessárias para a adequação dos núcleos agrícolas da bacia, particularmente a Colônia Agrícola Alexandre de Gusmão, ao abastecimento público de água.

b) na bacia do São Bartolomeu, a ocupação territorial desordenada, com a rápida transformação de áreas rurais em loteamentos com características urbanas, promoveu uma impressionante perda da vegetação natural, inclusive em áreas de preservação permanente (matas de galeria, nascentes e veredas) além da impermeabilização de áreas de recarga natural dos aqüíferos. A exploração intensiva das águas subterrâneas e o lançamento de esgotos sem tratamento em mananciais são problemas também identificados da bacia.

c) na bacia do rio Preto, região onde predomina a atividade agropecuária, o uso intensivo dos recursos hídricos em sistemas de irrigação de grande porte provocou uma sensível redução da disponibilidade hídrica nos períodos de estiagem e rebaixamento do lençol freático, causando significativas perdas econômicas aos produtores rurais. Estudos realizados pela Secretaria de Agricultura do Distrito Federal, em 1995, indicaram que a capacidade de suporte da exploração dos recursos hídricos para irrigação já está próxima do limite em alguns mananciais e já foi ultrapassada em outros, indicando a necessidade do gerenciamento do uso da água na bacia.

d) na bacia do rio Maranhão, o desmatamento de áreas de preservação permanente (matas de galeria), a extração irregular de areia e o lançamento de resíduos de origem animal em estado bruto, causando a poluição das águas, são os principais problemas encontrados.

e) na bacia do rio Corumbá, que se caracteriza por apresentar alta declividade, solos de baixa fertilidade e deficiência hídrica, a pouca cobertura vegetal facilita o processo de erosão e transporte de sólidos. Adicionalmente, o lançamento de esgotos sem prévio tratamento de Taguatinga, Ceilândia e Samambaia nos afluentes do rio Corumbá é um sério problema para a manutenção da qualidade da água neste manancial. Entretanto, a construção da Estação de Tratamento de Esgoto do Gama, em 2003, está reduzindo o problema de poluição dos afluentes do rio Corumbá, no qual está sendo construída, a 100 km de Brasília, a represa de Corumbá IV, destinada a fornecer energia e água para o Distrito Federal.

f) na bacia do Paranoá, área mais densamente ocupada do Distrito Federal, onde se localiza a área central da malha urbana (o Plano Piloto), encontram-se loteamentos clandestinos que ocupam toda a parte nordeste do lago Paranoá. Em que pese favoravelmente a existência de duas estações de tratamento de esgotos, ligações clandestinas, drenagem pluvial deficiente e dejetos dos loteamentos irregulares contribuem para a poluição do lago Paranoá.

g) na bacia do rio São Marcos, seus principais afluentes são ocupados pela agricultura mecanizada, que usa intensivamente agrotóxicos e irrigação com pivôs centrais. Nesta bacia, o controle do uso da água, medidas preventivas quanto à contaminação dos rios por agrotóxicos, assim como a preservação das matas ciliares são providências importantes para a manutenção da quantidade e qualidade das águas na bacia.

Os problemas analisados mostram que a questão hídrica no Distrito Federal merece atenção especial e que os efeitos da ação antrópica sobre a estrutura e a função dos ecossistemas aquáticos devem ser avaliados em termos do tipo de ação e de atividade econômica que se desenvolve no território.

EFEITO DO FOGO SOBRE O BIOMA CERRADO DO DISTRITO FEDERAL

O meio ambiente do Distrito Federal é ainda afetado por queimadas, que todo ano causam grandes prejuízos à fauna e à flora. O uso do fogo é prática agrícola antiga no cerrado e pode ser, inclusive, resultante de combustão natural nos períodos de estiagem. Em pequenas proporções e em áreas pouco extensas, as queimadas estão integradas aos ecossistemas do Centro-Oeste e evitam que as gramíneas predominem sobre a diversidade vegetal e tornem suas áreas impróprias para a fauna. Estudos mostram que o fogo, entre outras variáveis, faz com que as características do bioma cerrado se mantenham. Em grandes proporções, porém, destrói indiscriminadamente a vegetação, causando a destruição das matas de galeria, que protegem a drenagem e são *habitat* para grande variedade da fauna do cerrado. O uso de queimadas tem se tornado um fenômeno comum nas fitofisionomias dos cerrados, gerando efeitos negativos para todo o planeta.

SAIBA MAIS

Estudos mostraram que o uso de combustíveis fósseis é responsável por, aproximadamente, 75% do acréscimo de CO_2 à atmosfera, enquanto as queimadas causaram quase a totalidade do aumento restante. Entre 1950 e 1980, a quantidade anual de CO_2 injetada na atmosfera cresceu em 586% nos paises ditos do bloco subdesenvolvido (PICKERING & OWEN, 1995). De acordo com as estimativas do Painel Intergovernamental sobre Mudanças Climáticas (2001), o gás carbônico responde por 60% dos aumentos de temperatura detectados.

OLIVEIRA, Washington C; MARÍLIA, L. Peluso; DEBORA, V. C. Masini. *Les crémations de la végétation dans le Parc National du Brasília et leurs conséquences dans l´atmosphère sur l´espace urbain de la Capital brasiliènne. XVIIIeme Colloque International Association Internationale de Climatologie.* Gênova, setembro, 2005.

Durante o período de estiagem, o número de incêndios no Distrito Federal aumenta muito, principalmente os de origem antrópica, muitos deles criminosos, e terminam por atingir impiedosamente as áreas protegidas. A oxidação de gases, como CO (monóxido de carbono), C_xH_y (hidrocarbonetos) e N (nitrogênio), produz substâncias nocivas ao meio ambiente, como CO_2, e libera óxidos nitrogenados na atmosfera, que podem, devido ao deslocamento das massas de ar, ser transportados para as áreas urbanas, aumentando os incômodos ocasionados pela baixa umidade e pela poeira.

As ocorrências de incêndios florestais foram estudadas no Parque Nacional de Brasília, localizado próximo ao centro urbano do Plano Piloto (veja mapa 12 – Localização geográfica do PARNA). Por ser antigo e possuir grande área e variação de vegetação, presta-se bem para medir os efeitos do fogo sobre a área urbana e o próprio cerrado.

De 1980 a 1990, foram registrados 223 incêndios florestais, dos quais 87% têm origem antrópica; entre 1980 e 2001, foram queimados 67 mil hectares

MAPA 11 — DISTRITO FEDERAL
Localização geográfica do Parque Nacional de Brasília
com representação das ocorrências de queimada no período de 1980 a 2001

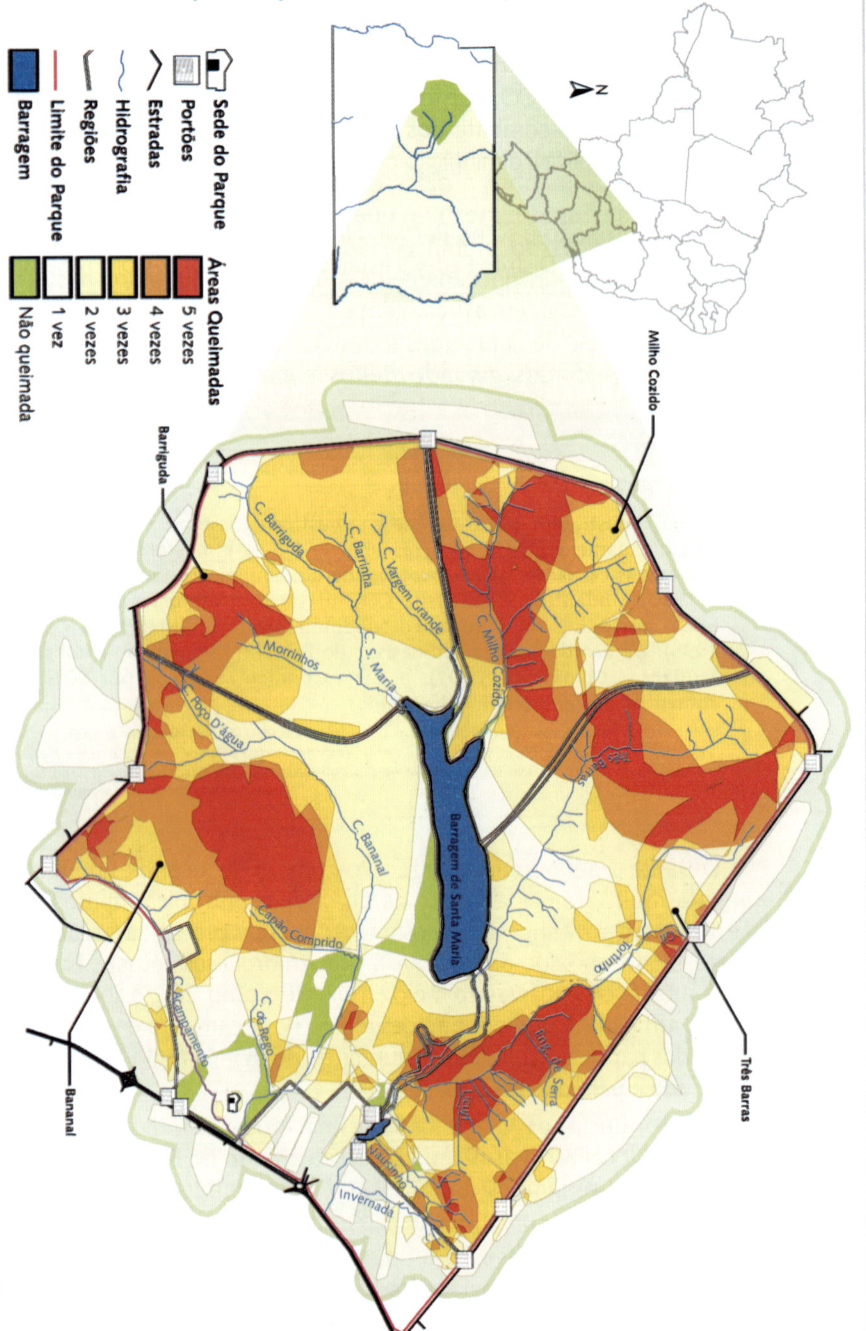

Sede do Parque
Portões
Estradas
Hidrografia
Regiões
Limite do Parque
Barragem

Áreas Queimadas
5 vezes
4 vezes
3 vezes
2 vezes
1 vez
Não queimada

Fonte: Hanry Alves Coelho, 2002. Adaptado.

aproximadamente. A partir dos dados fitofisionômicos, queimou-se uma biomassa de 510 mil toneladas (veja mapa 11 – Localização geográfica do PARNA p. 88).

Devido às ondulações leves que facilitam os deslocamentos de ar no Parque Nacional, o Plano Piloto, localizado a noroeste do Parque, é afetado pelas queimas periódicas e pelo material em suspensão, cinza, fumaça e uma ligeira alteração na concentração de CO, que atinge os núcleos urbanos. Por isso, novos programas de prevenção e combate aos incêndios no interior do Parque vêm sendo adotados, o que explica a diminuição na ocorrência de queimadas no período de 1999 a 2004.

Entretanto, não é só no Parque Nacional que ocorrem queimadas, mas todas as áreas verdes do Distrito Federal estão sujeitas ao fogo. Como exemplo, podemos citar a tragédia ecológica ocorrida em setembro de 2005, que destruiu cerca de 40% do Jardim Botânico e metade da reserva do IBGE (veja foto 11).

FOTO 11 — DISTRITO FEDERAL – Reserva Ecológica do IBGE (Área queimada)
(Foto: Washington Candido)

Se observarmos a foto 11, veremos que os campos de murundus queimados são os mesmos da foto 7, página 32, antes da tragédia ecológica.

Uma forma de prevenir a degradação ambiental e estabelecer com maior precisão as potencialidades de uso do solo e as áreas passíveis de ocupação é por meio do Zoneamento Ecológico-Econômico do Distrito Federal, previsto pela Lei Orgânica do Distrito Federal, no art. 26 dos Atos das Disposições Transitórias.

A ação governamental tem sido no sentido de criar áreas ecológicas de diversos tipos, na expectativa de manter aspectos relevantes do bioma cerrado, além de ordenar e direcionar o processo de urbanização, como será visto a seguir.

ÁREAS ECOLÓGICAS DO DISTRITO FEDERAL

Todo o território do Distrito Federal, exceto as áreas urbanas, constitui desde janeiro de 2002 a grande Área de Proteção Ambiental (APA) do Planalto Central, que envolve parques, reservas, floresta nacional, estações ecológicas e outras formas de áreas protegidas.

O Distrito Federal está, também, integrado à Unesco, dentro do Programa Homem e Biosfera (MaB – *man and the biosphere programme*), com a criação da Reserva da Biosfera do Cerrado – Fase I, cuja área é de 226.040 ha. A Lei n.° 742, de 28 de julho de 1994, define os limites, as funções e o sistema de gestão da Reserva da Biosfera do Cerrado – Fase I.

Para a proteção das potencialidades dos cerrados, 42% do território do Distrito Federal está protegido por várias unidades de conservação e de proteção ambiental, que se distribuem pelas diversas regiões administrativas.

Entende-se por Unidade de Conservação o espaço territorial e seus recursos ambientais, incluindo as águas jurisdicionais, com características naturais relevantes, objetivos de conservação e limites definidos, sob regime especial de administração, ao qual se aplicam garantias adequadas de proteção.
De acordo com o Sistema Nacional de Unidades de Conservação (SNUC), as Unidades de Conservação são agrupadas em dois conjuntos: Unidade de Proteção Integral (UPI) e Unidades de Uso Sustentável (UUS).

UNIDADE DE PROTEÇÃO INTEGRAL – UPI

O objetivo básico da UPI é preservar a natureza e permitir o uso indireto dos recursos naturais. As atividades de conservação, agrupadas como proteção integral, são: estações ecológicas, reservas biológicas, parques nacionais, monumentos naturais e refúgios de vida silvestre. Essas categorias de manejo dos ecossistemas apresentam uma série de características que condicionam o tipo de uso à unidade de conservação.

ESTAÇÕES ECOLÓGICAS

As Estações Ecológicas são áreas de grande importância para a preservação dos ecossistemas naturais no interesse da pesquisa científica, sendo as visitas rigorosamente controladas e geralmente fechadas ao público. Em uma estação ecológica, o ecossistema é protegido e a interferência humana deve ser sempre a mínima possível.

No Distrito Federal foram instituídas três estações ecológicas, que somam uma área de 17.260 ha, correspondente a cerca de 3% do território. São as seguintes:

Estação Ecológica de Águas Emendadas

Criada a 12 de agosto de 1968, pelo Decreto n.° 771, como Reserva Biológica das Águas Emendadas. Com o rápido crescimento de Brasília, e em vista da necessidade de preservar locais históricos e a vegetação do Planalto Central, sua área dobrou de tamanho e foi alçada à condição de Estação Ecológica de Águas Emendadas pelo Decreto n.° 11.137, de 6 de junho de 1988. Localiza-se a nordeste de Brasília, fazendo limite com Planaltina-GO (norte) e Planaltina-DF (sul), com uma área de 10.547 ha. Encontra-se sob a responsabilidade da Secretaria do Meio Ambiente e dos Recursos Hídricos (SEMARH).

É uma unidade de proteção integral, destinada à proteção do ambiente natural, realização de pesquisas básica e aplicada em ecologia e à educação conservacionista. Pelo excelente estado de conservação dos ecossistemas, foi declarada em 1992 pela Unesco como uma das áreas que compõem a área nuclear da Reserva da Biosfera do Cerrado – Fase I (veja mapa 12 – RESERVA DA BIOSFERA).

A vegetação de Águas Emendadas é constituída por: cerradão, cerrado *stricto sensu*, campo cerrado, campo sujo, campo limpo, campo úmido, campo de murundus, mata de galeria alagada e não alagada e veredas. Grande número de animais do cerrado se abriga e se alimenta na estação ecológica, que funciona como um corredor ecológico, interligando a fauna e a flora das bacias hidrográficas envolvidas. São encontrados alguns mamíferos ameaçados de extinção, como lobo-guará, veado-campeiro, tatu-canastra e tamanduá-bandeira. Além disso, diversas aves podem ser observadas com freqüência, como tucanos, papagaios, carcarás e seriemas (veja mapa 4 – ESECAE, p. 22).

Estação Ecológica da Universidade de Brasília

A Universidade de Brasília, pela Resolução n.° 035/86, alterada em seu art. 1.° pela Resolução n.° 043/86, criou a Estação Ecológica da Universidade de Brasília, incluindo a Área de Relevante Interesse Ecológico (ARIE) Capetinga e Taquara, uma porção do Campus Experimental da UnB, ligando as Áreas 1 (Capetinga) e 2 (Taquara) da ARIE. Foram protegidos cerca de 2.340 ha de

MAPA 12 — DISTRITO FEDERAL – RESERVA DA BIOSFERA

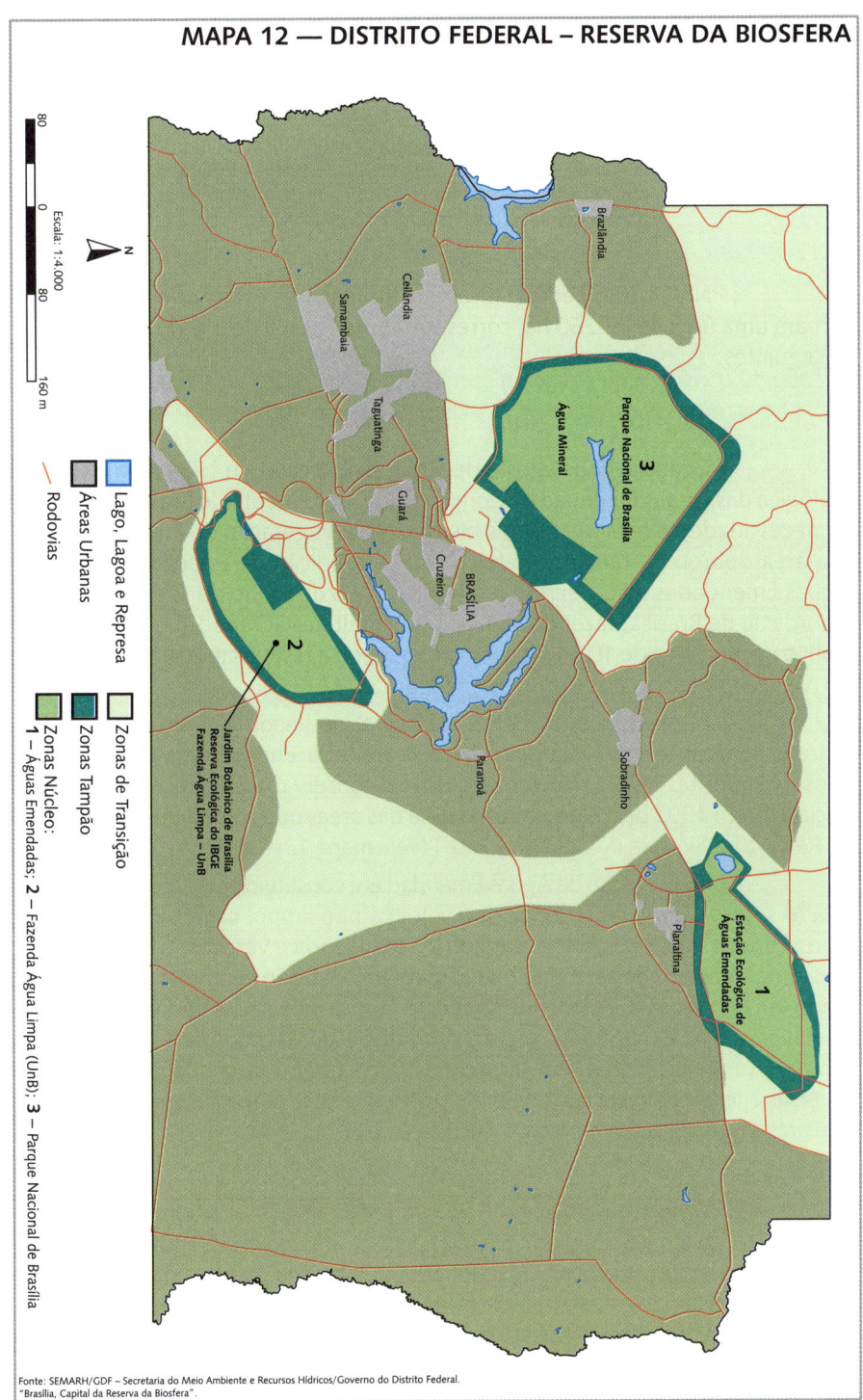

Escala: 1:4.000

80 0 80 160 m

N

Rodovias

Áreas Urbanas

Lago, Lagoa e Represa

Zonas de Transição

Zonas Tampão

Zonas Núcleo:
1 – Águas Emendadas; 2 – Fazenda Água Limpa (UnB); 3 – Parque Nacional de Brasília

Brazlândia

Ceilândia

Samambaia

Taguatinga

Guará

Cruzeiro

BRASÍLIA

Parque Nacional de Brasília

Água Mineral

3

2

Jardim Botânico de Brasília
Reserva Ecológica do IBGE
Fazenda Água Limpa – UnB

Paranoá

Sobradinho

Planaltina

Estação Ecológica de
Águas Emendadas

1

Fonte: SEMARH/GDF – Secretaria do Meio Ambiente e Recursos Hídricos/Governo do Distrito Federal.
"Brasília, Capital da Reserva da Biosfera".

vegetação do bioma cerrado com o objetivo de conservar e pesquisar os ecossistemas naturais, de rica biodiversidade, inclusive as espécies raras ou ameaçadas de extinção dessa região.

Estação Ecológica do Jardim Botânico

Criada pelo Decreto n.° 14.422, de 26 de novembro de 1992, com área aproximada de 3.992 ha, teve sua área aumentada para 4.430 ha pelo Decreto n.° 17.277, de 11 de abril de 1996. Localiza-se ao sul do Distrito Federal, na Área de Proteção Ambiental das Bacias do Gama e Cabeça de Veado. Abriga amostras representativas do bioma cerrado, como: cerrado típico, campo sujo, campo limpo, campo rupestre, campo de murundus, mata de galeria e veredas. A fauna dessa unidade de conservação é rica em número e diversidade de espécies e apresenta exemplares raros, como lobos-guará, tamanduás-mirins, veados e sagüis. Integra, também, a Área Núcleo da Reserva da Biosfera do Cerrado (veja mapa 12 – RESERVA DA BIOSFERA, p. 93).

A estação Ecológica do Jardim Botânico de Brasília é administrada pelo Jardim Botânico de Brasília (JBB), órgão vinculado à Comparques do Governo do Distrito Federal – GDF (Secretaria de Estado de Parques e Unidades de Conservação). O Jardim Botânico de Brasília adotou um programa de Educação Ambiental voltado para estudantes do Ensino Fundamental, estimulando as atitudes voltadas à preservação do meio ambiente e melhoria da qualidade de vida. Dentro dessa proposta, o JBB procura disseminar espécies nativas próprias do bioma cerrado.

RESERVAS ECOLÓGICAS

Essa categoria de manejo não se inclui naquelas previstas pelo SNUC. Foi criada de acordo com o art. 18 da Lei n.° 6.938, de 31 de agosto de 1981, que dispõe sobre a Política Nacional do Meio Ambiente, e regulamentada pelo art. 1.° do Decreto n.° 89.336, de 31 de janeiro de 1994.

São consideradas reservas ecológicas as áreas de preservação permanente – nascentes, lagos e lagoas, matas ciliares e matas de galeria, veredas, encostas íngremes, topos de morros, montes e montanhas, áreas que abrigam exemplares de fauna e flora ameaçados de extinção, vulneráveis, raros ou menos conhecidos – bem como aquelas que servem como local de pouso, alimentação ou reprodução da fauna. Constituem áreas de interesse arqueológico, histórico, científico, paisagístico e cultural.

As reservas ecológicas têm por finalidade manter ecossistemas naturais de importância regional ou local e regular o uso admissível dessas áreas, de modo a compatibilizá-lo com os objetivos da conservação ambiental.

As reservas ecológicas estabelecidas por ato do Poder Público no Distrito Federal são as que seguem.

Reserva Ecológica do IBGE

Inicialmente denominada Reserva Ecológica do Roncador, posteriormente alterada para a denominação atual, Reserva Ecológica do IBGE, também conhecida como Recor, foi criada pela Resolução n.° 26, de 22 de dezembro de 1975. Abrange cerca de 1.350 ha e situa-se a 35 km ao sul do centro de Brasília. É parte da Área de Proteção Ambiental (APA) Gama e Cabeça de Veado que perfazem, juntas, um total de 10.000 ha de área protegida contínua. Além disto, a Recor é uma das Áreas Núcleo da **Reserva da Biosfera do Cerrado**, criada em 1993, pela Unesco, no Distrito Federal.

Reserva Ecológica do Guará

Criada pelo Decreto Distrital n.° 11.262, de 16 de setembro de 1988, a Reserva Ecológica do Guará, com 147 ha, teve sua área aumentada para 194 ha, com o objetivo de proteger o campo de murundus e o cerrado típico, que envolvem as nascentes do córrego Guará. Tem o seu acesso restrito à pesquisa científica mediante autorização prévia da SEMARH.

A Reserva Ecológica possui uma vegetação rica em espécies endêmicas e raras de orquídeas do Distrital Federal. Sua fauna é típica de mata ciliar. Exerce a importante função de formar um corredor ecológico com a ARIE do Riacho Fundo e do Jardim Zoológico, permitindo o trânsito da fauna entre essas áreas e o lago Paranoá.

Reserva Ecológica do Gama

Situada junto à RA-II Gama, tem 136 ha e foi criada pelo Decreto n.° 11.261, de 16 de setembro de 1988, com o objetivo de garantir a preservação da mata ciliar e da fauna do ribeirão Alagado, bem como proteger as encostas íngremes da região, que são extremamente susceptíveis aos processos erosivos.

Os esforços de preservação da área são altamente prejudicados porque a Reserva não abriga as nascentes e o alto curso do ribeirão Alagado, que recebem elevadas descargas de efluentes (doméstico e industrial) e drenagem pluvial da área urbana.

Reservas Ecológicas no Lago Paranoá

São declaradas Reservas Ecológicas, conforme Lei n.° 1.612, de 8 de agosto de 1997, as ilhas do lago Paranoá, com uma área de 1,54 ha, cujo objetivo é proteger berçários de aves aquáticas e da fauna nativa, além de garantir proteção às aves migratórias.

PARQUES NACIONAIS

São, geralmente, áreas muito extensas com o objetivo básico de conservar ecossistemas naturais que apresentem grande beleza cênica, realizar pesquisas científicas, desenvolver atividades de educação e interpretação ambiental, oferecer lazer em contato com a natureza e turismo ecológico. Sua área é de posse e domínio públicos.

A visitação pública está sujeita às normas e restrições estabelecidas no Plano de Manejo da Unidade de Conservação. A pesquisa científica depende de autorização prévia do órgão responsável pela administração do parque.

Parque Nacional de Brasília

Com 30 mil hectares, também conhecido como o Parque da Água Mineral, é uma das mais importantes unidades de conservação dentro do Distrito Federal, situando-se a apenas 10 km a noroeste da Estação Rodoviária, fazendo limite com as Áreas de Proteção Ambiental do Descoberto (a oeste), de Cafuringa (ao norte) e com a Floresta Nacional (sudoeste).

O Parque Nacional de Brasília é de extrema importância na conservação da qualidade do lago artificial de Santa Maria (825 ha), que abastece de água parte do Distrito Federal (veja mapa 13 – RA I).

SAIBA MAIS

O Decreto n.º 241 – de 29 de novembro de 1961 – criou o Parque Nacional de Brasília, no Distrito Federal.

Art.1.º – Fica criado no Distrito Federal, o Parque Nacional de Brasília (PNB), subordinado ao Serviço Florestal do Ministério da Agricultura.

Art. 2.º – O Parque, ora criado, terá a área aproximada de 30.000 hectares, situada entre os paralelos 15°35' e 15°45' e os meridianos 48°5' e 48°53', com a seguinte linha divisória: ao norte, nordeste e noroeste, pela Estrada Parque do Contorno – EPTC; ao sul, pela estrada Parque Acampamento – EPAC; ao sudoeste, pelo Córrego Acampamento e pela Estrada Parque do Contorno – EPATC; ao leste, pela estrada Indústria e Abastecimento – EPIA e pela estrada Parque do Contorno – EPTC e, ao oeste, pela Estrada Parque do Contorno – EPTC.

Apenas uma pequena parte de sua área é aberta ao público, que paga para usufruir a piscina e a trilha ecológica. Para visitar outras áreas do Parque, é necessária autorização especial do Ibama, liberada basicamente para pesquisadores.

A criação do Parque Nacional está diretamente relacionada com a construção de Brasília. Em 1960, o Serviço Florestal do Ministério da Agricultura apresentou uma proposta para a criação de um Parque Nacional, onde a flora e a fauna características da região do cerrado, as nascentes e os rios tivessem sua proteção assegurada. Assim, em 29 de novembro de 1961, o Parque Nacional de Brasília foi criado. Naquela época, todo abastecimento de água da cidade vinha de seus mananciais hídricos e o primeiro viveiro florestal destinado a arborizar a nova Capital estava em seu interior.

MAPA 13 — DISTRITO FEDERAL – REGIÃO ADMINISTRATIVA I (RA I)

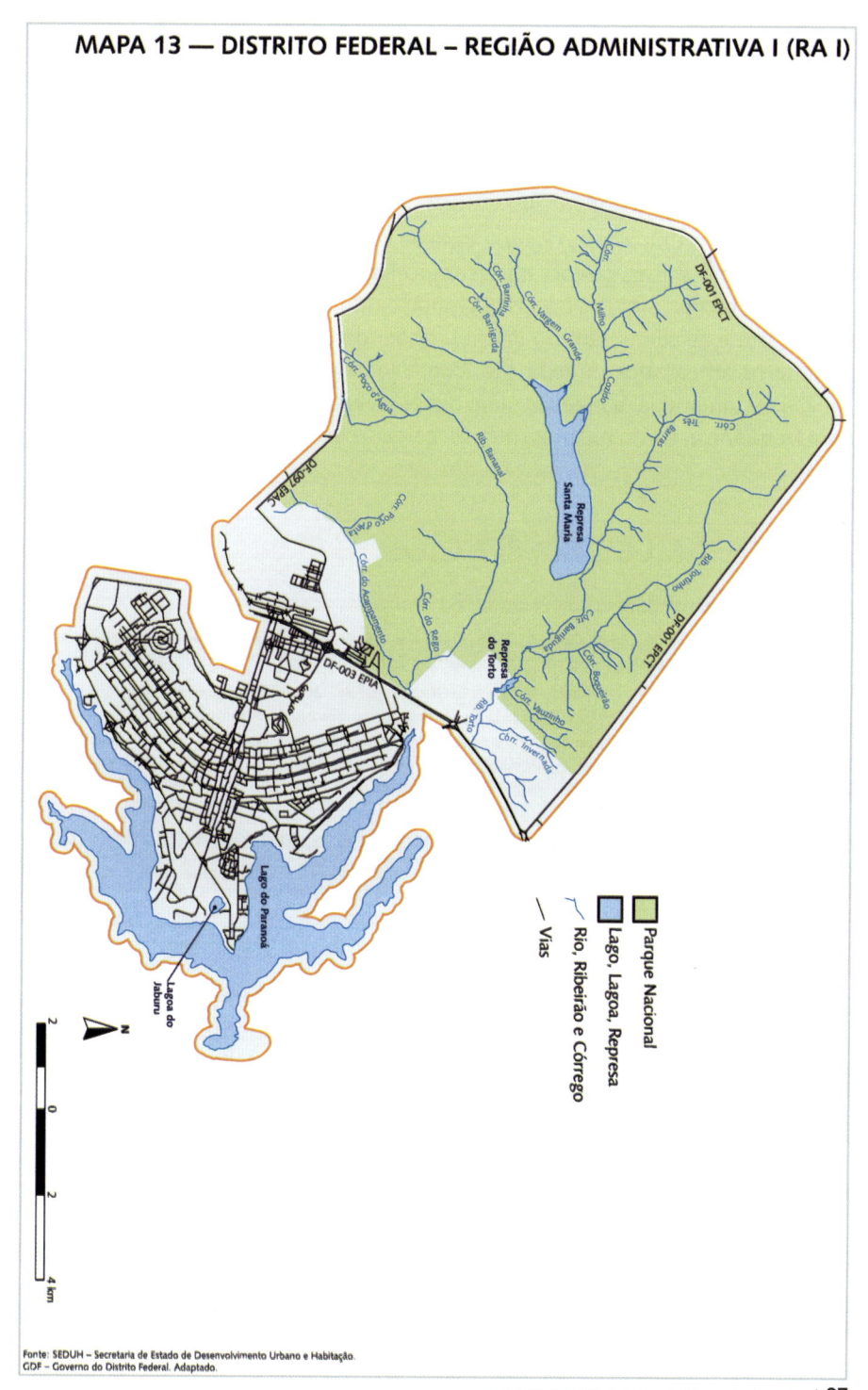

Fonte: SEDUH – Secretaria de Estado de Desenvolvimento Urbano e Habitação.
GDF – Governo do Distrito Federal. Adaptado.

É uma unidade de conservação federal integralmente protegida, permitindo apenas o uso indireto dos seus atributos naturais. Por estar bem preservado, no ano de 1992 foi declarado pela Unesco como uma das unidades que compõem a área nuclear da Reserva da Biosfera do Cerrado – Fase I. É considerado em todo o mundo como o maior parque nacional em área urbana em ótimo estado de preservação.

Encontramos no Parque mata de galeria alagada e não alagada, vereda, cerrado *stricto sensu*, campo sujo, campo limpo, campo rupestre, campos de murundus, campo úmido e brejos. É grande o número de animais do cerrado que se abrigam e se alimentam no Parque, podendo ainda ser encontrados alguns mamíferos ameaçados de extinção, como lobo-guará, veado-campeiro, tatu-canastra e tamanduá-bandeira. Além disso, diversas aves podem ser observadas com freqüência, como tucanos, biguás, carcarás e seriemas.

UNIDADE DE USO SUSTENTÁVEL

O objetivo básico dessa categoria de manejo, segundo o SNUC, é compatibilizar a conservação ambiental com o uso sustentável dos recursos naturais.
São consideradas Unidades de Uso Sustentável: Áreas de Proteção Ambiental, Área de Relevante Interesse Ecológico, Floresta Nacional, Reserva Extrativista, Reserva de Fauna, Reserva de Desenvolvimento Sustentável e Reserva Particular do Patrimônio Natural.

No Distrito Federal, foram instituídas as unidades de uso sustentável apresentadas a seguir.

Área de Proteção Ambiental

A Área de Proteção Ambiental (APA) tem como objetivos básicos proteger a diversidade biológica, disciplinar o processo de uso e ocupação do espaço físico pelo homem e assegurar a sustentabilidade dos recursos naturais locais.

No Distrito Federal, foram instituídas seis áreas de proteção ambiental: três pela administração federal – Ibama (APA da bacia do rio São Bartolomeu, APA da bacia do rio Descoberto e APA do Planalto Central) – e três pela administração do Distrito Federal (APA de Cafuringa, APA do lago Paranoá e APA das bacias do Gama e Cabeça de Veado) (veja mapa 14 – APAs).

Essas unidades de conservação somam uma área de 210.200 ha, o que corresponde a aproximadamente 2,7% do território do Distrito Federal.

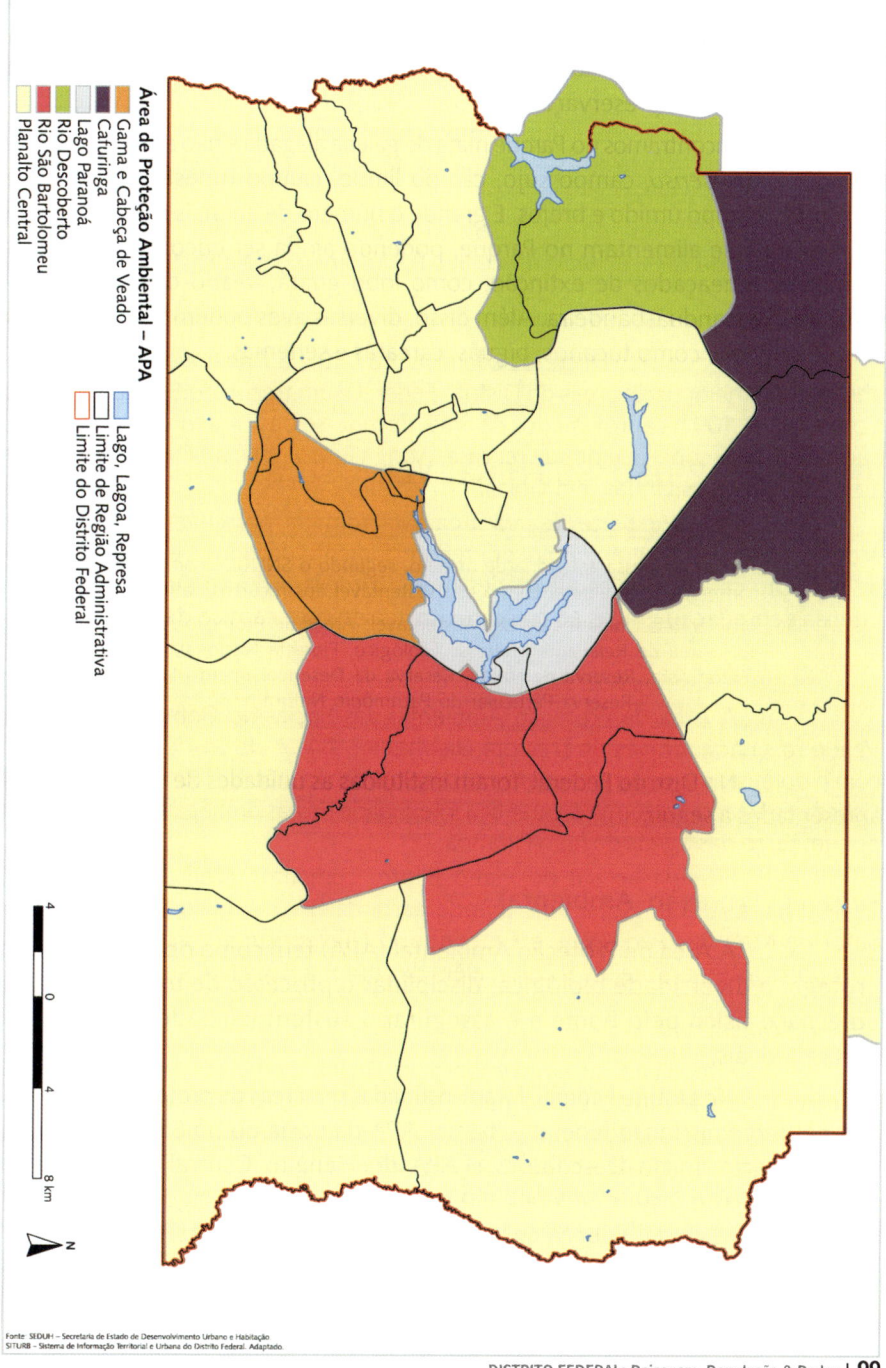

Área de Proteção Ambiental – APA

- Gama e Cabeça de Veado
- Cafuringa
- Lago Paranoá
- Rio Descoberto
- Rio São Bartolomeu
- Planalto Central

- Lago, Lagoa, Represa
- Limite de Região Administrativa
- Limite do Distrito Federal

Fonte: SEDUH – Secretaria de Estado de Desenvolvimento Urbano e Habitação.
SITURB – Sistema de Informação Territorial e Urbana do Distrito Federal. Adaptado.

APA da bacia do rio São Bartolomeu

Abrangendo uma área de cerca de 84.100 ha, a APA da bacia do rio São Bartolomeu, criada pelo Decreto Federal n.° 88.940, de 7 de novembro de 1983, desempenha importante papel de corredor de ligação entre a Estação Ecológica de Águas Emendadas, a APA de Cafuringa, a APA do lago Paranoá e a APA das bacias do Gama e Cabeça de Veado, reunindo todos os tipos de vegetação, desde o cerradão até os campos rupestres. Com relação à fauna, contém representantes de diversas espécies da fauna nativa, como codornas, perdizes, seriemas, antas e capivaras.

A Lei Federal n.° 9.262, de 12 de janeiro de 1996, passou a administração da APA da bacia do rio São Bartolomeu para o Distrito Federal.

APA da bacia do rio Descoberto

Criada pelo Decreto Federal n.° 88.940, de 7 de novembro de 1983, abrange em maior parte áreas do Distrito Federal e um trecho do Estado de Goiás. Com seus 39.100 ha aproximados de área, destina-se basicamente à proteção da bacia do rio Descoberto e de sua represa. Abriga Brazlândia, no Distrito Federal, e a cidade de Águas Lindas, em Goiás.

A maior parte de sua área está tomada por chácaras voltadas à produção de hortifrutigranjeiros e por reflorestamento de Pinus e eucaliptos. Além da poluição causada pelas atividades rurais, a represa do rio Descoberto sofre intensa depredação graças ao crescimento acelerado e caótico de Águas Lindas.

APA das bacias do Gama e Cabeça de Veado

A Área de Proteção Ambiental das bacias do Gama e Cabeça de Veado foi criada através do Decreto Distrital n.° 9.417, de 21 de abril de 1986, com o objetivo maior de proteger as cabeceiras do ribeirão do Gama e do córrego Cabeça de Veado, de forma a garantir a integridade dessas drenagens, responsáveis por um terço das águas do lago Paranoá.

Situada ao sul do Plano Piloto, com uma área aproximada de 25.000 ha, a APA engloba uma grande parte da RA-XVI Lago Sul, incluídos o Setor de Mansões Park Way, o Catetinho, o Núcleo Rural Vargem Bonita e o Aeroporto Internacional de Brasília, além de conter a RA-XIX Candangolândia.

APA de Cafuringa

Situada no extremo noroeste do Distrito Federal, a Área de Proteção Ambiental de Cafuringa, criada pelo Decreto n.° 11.123, de 10 de junho de 1988, alterado pelo Decreto n.° 11.251, de 13 de setembro de 1988, abrange uma área aproximada de 46.000 ha. Pelo fato de englobar parte da Chapada da Contagem e da região recortada por drenagens naturais pertencentes à bacia do rio Maranhão, apresenta relevo bastante acidentado com muitas cachoeiras. Nessa APA estão localizados os monumentos naturais mais belos do Distrito Federal: o Poço Azul, a cachoeira de Mumunhas, o Morro da Pedreira, as cachoeiras do córrego Monjolo e a Ponte de Pedra nas nascentes do ribeirão Cafuringa.

Devido ao fato de conter a maior parte das ocorrências de calcário do Distrito Federal, contém inúmeras cavernas, sendo a mais expressiva a Gruta do Rio do Sal.

APA do lago Paranoá

Localizada em meio à área urbana mais consolidada do Distrito Federal e que mais se adensa, abrange as Regiões Administrativas: RA-I Brasília, RA-VII Paranoá, RA-XVI Lago Sul e RA-XVIII Lago Norte.

Criada pelo Decreto Distrital n.° 12.055, de 14 de dezembro de 1989, tem como objetivos a proteção de parte da bacia hidrográfica do lago Paranoá, os berçários de aves aquáticas, a vegetação remanescente de cerrado, a encosta íngreme na parte norte e as matas ciliares, que protegem os córregos e ribeirões, garantindo a qualidade das águas que abastecem o lago Paranoá.

Com cerca de 16.000 ha, soma-se ao Parque Nacional de Brasília, a APA das bacias do Gama e Cabeça de Veado, a ARIE da Granja do Ipê, o Parque Ecológico do Guará e a Reserva Ecológica do Guará, formando um Corredor Ecológico e protegendo quase a totalidade da bacia hidrográfica do lago Paranoá.

Área de Relevante Interesse Ecológico – ARIE

São áreas de domínio público ou privado, com características naturais extraordinárias ou com exemplares raros da biota regional, exigindo do poder público cuidados especiais de proteção. Têm extensão inferior a 5.000 ha e baixa ou nenhuma ocupação humana.

No Distrito Federal foram instituídas sete Áreas de Relevante Interesse Ecológico, que somam aproximadamente 4.000 ha, correspondendo a cerca de 4% do Distrito Federal. Localizam-se em áreas densamente povoadas e têm como objetivo retardar os processos erosivos, preservar os recursos hídricos, a fauna e a flora. São elas:

- ARIE do Bosque, extensão, criada pelo Decreto Federal n.° 89.336, de 31 de janeiro de 1984;
- ARIE dos córregos Capetinga/Taquara, com 2.100 ha, criada pelo Decreto Federal n.° 91.303, de 3 de junho de 1985;
- ARIE do Santuário de Vida Silvestre do Riacho Fundo, com 480 ha, criada pelo Decreto Distrital n.° 11.138, de 16 de junho de 1988;
- ARIE do Paranoá Sul, com 144 ha, criada pelo Decreto Distrital n.° 11.209, de 17 de agosto de 1988;
- ARIE do Parque Juscelino Kubitschek, criada pela Lei Distrital n.° 1.002, de 2 de janeiro de 1996;
- ARIE do Cerradão, com 54 ha, criada pelo Decreto n.° 19.213, de 7 de maio de 1998;

- ARIE da Granja do Ipê, com 1.144 ha, criada pelo Decreto Distrital n.° 19.431, de 15 de julho de 1998. Por possuir em grande quantidade reservas de cascalho laterítico, é explorada desde o início de Brasília.

Floresta Nacional

É uma área com cobertura florestal de espécies predominantemente nativas, cujo objetivo básico é o uso múltiplo sustentável dos recursos florestais e a pesquisa científica, com ênfase em métodos para a exploração sustentável de florestas nativas. Suas terras são de posse e domínio públicos.

No Distrito Federal, foi instituída pelo Decreto Federal sem número, de 10 de junho de 1999, a Floresta Nacional de Brasília (Flona). Com 9.346 ha, está dividida em quatro áreas: duas localizadas na RA-III Taguatinga e duas na RA-IV Brazlândia.

Uma característica dessa unidade de conservação é a cobertura florestal com predominância de espécies exóticas, isto é, espécies vegetais introduzidas intencionalmente, ou não, em um ecossistema onde não existiam naturalmente (como, por exemplo, eucaliptos e *Pinus*).

Reserva Particular do Patrimônio Natural – RPPN

Por serem consideradas de relevante importância para a biodiversidade, ou por seu aspecto paisagístico, ou ainda por outras características ambientais que justifiquem sua conservação, as RPPNs são áreas de domínio privado, a serem protegidas especialmente por iniciativa de seu proprietário, mediante reconhecimento do Poder Público federal e local.

No Distrito Federal foram instituídas quatro RPPNs, que apresentam paisagens naturais em bom estado de conservação:

- RPPN Chakra Grisu, localizada na RA-VI Planaltina, na microbacia do córrego Monjolo;

- RPPN Maria Velha, localizada na RA-VI Planaltina, no imóvel Chácara Púrpura, à margem esquerda do córrego Maria Velha;

- RPPN Santuário Ecológico Sonhem, localizada na RA-V Sobradinho, no imóvel Fazenda Recreio Mugy, na microbacia do rio Sonhem. Destaca-se a presença de grutas com até 8 m de profundidade.

- RPPN Córrego da Aurora, localizada na RA-VII Paranoá; está situada na Fazenda Recreio Mugy Ltda., pertencente à bacia do Paranoá.

OUTRAS UNIDADES DE CONSERVAÇÃO

No Distrito Federal existem unidades de conservação que não foram contempladas, nominalmente, no Sistema Nacional de Unidades de Conservação (SNUC), mas que apresentam relevância no contexto da conservação ambiental local.

Áreas de Proteção de Mananciais

São áreas destinadas à conservação, recuperação e manejo das bacias hidrográficas a montante dos pontos de captação da Companhia de Saneamento do Distrito Federal (CAESB), a quem compete a sua gestão, manutenção e fiscalização. Localizam-se nas áreas das bacias hidrográficas das seguintes captações: Currais, Pedras, Capão da Onça, Brazlândia, Contagem, Paranoazinho, Fumal, Brejinho, Quinze, Corguinho, Mestre D'Armas, Pipiripau, Taquari, Cachoeirinha, futuro lago São Bartolomeu a montante do rio Paranoá, futuro lago São Bartolomeu a jusante do rio Paranoá, Ponte de Terra, Olho D'Água, Crispim, Alagado, Bananal, Torto/Santa Maria, Santa Maria 1, Santa Maria 2, Santa Maria 3 e Catetinho. É ainda considerada Área de Proteção de Mananciais a faixa de 125 m contados a partir da curva de nível 1.032, cota máxima de inundação do lago Descoberto.

Monumentos Naturais

Esta categoria de unidade de conservação objetiva proteger e conservar ambientes naturais, devido a seu especial interesse ou características ímpares, como quedas d'água, cavernas, formações rochosas, espécies únicas da fauna e flora, e possibilitar oportunidades para interpretação, educação, investigação e turismo.

Parques Ecológicos e de Uso Múltiplo do Distrito Federal

São unidades de conservação que objetivam a proteção de atributos naturais junto às áreas urbanas, com finalidades educacionais, recreativas e científicas, e todas as regiões administrativas possuem pelo menos um parque. A administração de cada parque, geralmente estabelecida no ato de criação, pode ficar a cargo da respectiva administração regional ou da Comparques.

Pólo Ecológico de Brasília

Com a criação da Fundação Pólo Ecológico de Brasília, através da Lei Distrital n.° 1.813, de 31 de dezembro de 1997, o Jardim Zoológico de Brasília, a primeira instituição ambientalista desta Capital, foi transformado em um centro de excelência, voltado para conservação, pesquisa, educação e lazer.

O Jardim Zoológico de Brasília ocupa área de 140 ha, ao lado do Santuário de Vida Silvestre do Riacho Fundo, com 440 ha, e do Parque das Aves, com 110 ha, os quais são geridos pela Fundação Pólo Ecológico de Brasília (FunPEB), com área total de 690 ha. A Fundação é vinculada à Comparques. A proteção do meio ambiente é feita com instrumentos legais que possibilitam a atuação dos órgãos do governo, tais como:

- integração das administrações regionais, cuja função é regular o uso e a ocupação do solo, com a Secretaria de Estado do Meio Ambiente e Recursos Hídricos (Semarh);
- Sistema Integrado de Vigilância do Solo (Siv/Solo), criado em 1993, fiscaliza as ocupações irregulares; com efetivos da Polícia Militar e da Polícia Civil, atua no sentido de desalojar os invasores;
- Companhia de Saneamento Ambiental do Distrito Federal (Caesb) exerce vigilância sobre danos causados aos cursos d'água e às nascentes, participa de programas de despoluição das águas e de educação ambiental;
- Planos de Ordenamento Territorial (PDOT), no âmbito do Distrito Federal, e Planos Diretores Locais (PDLs), no âmbito das regiões administrativas, ordenam a dinâmica espacial ao propor o zoneamento do uso do solo conforme sua destinação: zonas de preservação ambiental, zonas de uso rural, zonas de uso urbano e zonas de expansão do uso urbano.

As áreas de conservação e preservação ambiental, porém, freiam a expansão urbana, elevam o preço da terra e aumentam a pressão por moradia, enquanto a proximidade com as áreas densamente ocupadas e dotadas de infra-estrutura é um constante convite à invasão para atender a demandas reprimidas de ricos e pobres. Com esses tipos de prática, os zoneamentos propostos pelos diversos planos são continuamente alterados para integrarem novas áreas de moradia, expandindo horizontalmente a mancha urbana. Dessa maneira, a constituição de todas as áreas de preservação e conservação ambientais não evitou a acelerada degradação do meio ambiente que se verifica no Distrito Federal.

À Guisa de Conclusão: Expectativas para o Futuro

capítulo SEIS
À GUISA DE CONCLUSÃO: EXPECTATIVAS PARA O FUTURO

A maneira como se deu a escolha do sítio de Brasília, por intermédio de estudos que levaram em consideração fatores naturais e sociais, foi saudada por Donald Belcher como uma inovação até aquele momento não realizada por nenhum país. As questões relativas à preservação e conservação do meio ambiente foram incorporadas desde os primeiros estudos e faziam prever a manutenção dos recursos ambientais e da paisagem natural, ainda mais que o poder público era detentor de grande parte das terras do Distrito Federal. Lúcio Costa, inclusive, ao projetar o Plano Piloto, preocupou-se em construir a malha urbana seguindo, de acordo com suas palavras, "a adaptação à topografia local".

> Uma das falhas mais comuns na localização de uma cidade, no passado, foi o fato de não terem sido levadas em consideração as condições geológicas. Como exemplo, as seguintes cidades pagaram, no passado, e estão pagando ainda um alto tributo às péssimas condições geológicas de seu subsolo: Amsterdã, Cidade do México, Bancoc, Istambul, Boston e Chicago. Nestas cidades, os solos são úmidos e moles e a rocha firme para fundações está a uma grande profundidade... Tais áreas também existem no Retângulo, mas em nossa seleção de sítios elas foram evitadas.
>
> (GDF/Secretaria de Governo/Codeplan. *O relatório técnico sobre a nova Capital da República.* Relatório Belcher. Brasília: Codeplan, 1984, p. 30.)

Brasília e o Distrito Federal, entretanto, são espaços em construção acelerada, em que o rápido crescimento da população e das atividades ocasiona novas configurações do território e diferentes apropriações da natureza e da cidade. Nesse processo, a ocupação desenfreada do território ocasiona o esgotamento rápido do capital natural em todo o "quadrilátero" e gera problemas diversificados e dispersos por todo o território.

Os problemas hídricos merecem destaque, pois são o final de uma cadeia de ações predatórias que se iniciaram com o desmatamento indiscriminado e as construções em áreas de risco, realizados por pessoas de todas as classes de renda. O período das chuvas, bem-vindas depois da longa estiagem, que rebrota o cerrado e transforma a cidade em jardim, já é visto com receio por um grande número de moradores em diferentes pontos do Distrito Federal: na Vila Varjão, por exemplo, local de moradias de baixa renda, a chuva causa anualmente muitos danos, em geral nos barracos localizados de forma irregular em encostas íngremes ou nas proximidades dos ribeirões. A transferência da população atingida pelas fortes chuvas para lugares mais seguros não resolve o problema, porque nem todos aceitam a remoção. Em geral, durante a estiagem outros barracos são construídos e o período de chuvas seguinte encontra novamente famílias morando em áreas de risco.

Não só as habitações da camada da população de baixa renda foram construídas em locais impróprios – há residências, destinadas à população de renda média e alta, em loteamentos irregulares nas unidades de preservação, construídas sem que se respeitassem as normas de conservação do meio ambiente. As pesadas multas aplicadas juntam-se aos prejuízos materiais e os problemas se acumulam para a natureza e para os moradores.

SAIBA MAIS

Mas os efeitos dos danos ambientais podem ser sentidos antes mesmo do julgamento das infrações. Para os moradores dos condomínios Vila Rica, Vivendas Alvorada II e Planalto, que ficam às margens do córrego Paranoazinho, em Sobradinho II, o período de chuvas no início deste ano foi tenso. Uma erosão provocada pelas construções a menos de 30 metros da água colocou diversas casas a ponto de desabar. A correnteza aumentou porque as águas pluviais de outros loteamentos irregulares foram canalizadas para o ribeirão. Além do risco, os moradores foram responsabilizados pelo dano ambiental.

Correio Braziliense, Brasília, 22 ago. 2005, Caderno Cidades, p. 17.

As áreas urbanas consolidadas em todas as regiões administrativas não estão livres de apropriações irregulares, em que moradores estendem seus terrenos sobre as vias públicas, nos famosos "puxadinhos"; o comércio irregular interdita ruas; as pessoas constroem próximo aos rios e córregos, além da faixa de proteção dos mananciais; atividades comerciais invadem áreas residenciais. Nesse processo, o patrimônio cultural de cada uma é destruído ou degradado como mostra, com eloqüência, a foto do Museu Histórico e Artístico de Planaltina (veja foto 12).

FOTO 12 — MUSEU HISTÓRICO E ARTÍSTICO DE PLANALTINA – 2005
(Foto: Marília Luiza Peluso)

Exemplo emblemático ocorre com o Plano Piloto de Brasília, onde construções avançam pelas áreas públicas, invadidas por "puxadinhos" de lojas e bares ou por estacionamentos; prédios ostentam coberturas irregulares e ganham mais um pavimento; toldos e barracas instalam-se no gramado na Esplanada dos Ministérios. Propagandas e *outdoors* escondem os prédios ou descaracterizam suas formas e, lentamente, se posicionam em lugares de paisagem privilegiada, impedindo a visão de elementos essenciais do urbanismo de Lúcio Costa (veja foto 13).

FOTO 13 — *OUTDOOR* – 2005
(Foto: Washington Candido)

Como os problemas atuais já se faziam sentir na década de 1980, o conjunto urbano construído em decorrência do Plano Piloto foi tombado como Patrimônio da Humanidade pelo Decreto 10.829, de 2 de outubro de 1987 e pela Portaria n.° 314, de 8 de outubro de 1992, cujo órgão fiscalizador é o Instituto do Patrimônio Histórico e Artístico Nacional (IPHAN).

O parágrafo 2 da Portaria n.° 314 delimita a área tombada, denominada de Conjunto Urbanístico de Brasília (veja figura 4)

FIGURA 4 — Área Tombada do Conjunto Urbanístico de Brasília

Legenda

□ Área Tombada

N

Escala: 1:105.000
Ano: 2000

Fonte: Planejamento modernista e práticas sociais: a dinâmica atual do tombamento do plano piloto de Brasília, p. 21.
Disponível em: <http//:www.geocites.com/braziliense>. *Acesso em:* 30 ago. 2001.

A área abrangida pelo tombamento é delimitada a leste pela orla do lago Paranoá, a oeste pela Estrada Parque Indústria e Abastecimento (EPIA), ao sul pelo córrego Vicente Pires e ao norte pelo córrego Bananal.

O Artigo 2.º define o que será tombado:

A manutenção do Plano Piloto de Brasília será assegurada pela preservação das características essenciais de quatro escalas distintas em que se traduz a concepção urbana da cidade: a monumental, a coloquial, a gregária e a bucólica.

Ao contrário da área tombada, o patrimônio cultural de outras localidades do Distrito Federal não é preservado nas mesmas condições do Plano Piloto, como se observa no museu de Planaltina (veja foto 12, p. 108). Verifica-se que o patrimônio público sofre o mesmo descaso de preservação, como ilustra a foto a seguir de uma ponte destruída no loteamento de Arapoanga na RA-VI Planaltina (veja foto 14).

A questão que se coloca para o futuro do Distrito Federal diz respeito à busca da eqüidade territorial, com a manutenção dos nossos recursos naturais, sociais e culturais, revertendo danos já instalados e prevenindo que novos ocorram. A preocupação se justifica se observarmos as catástrofes que se abatem sobre cidades brasileiras que não conseguiram evitar a tempo os problemas de uma urbanização caótica, predatória e desigual. No Distrito Federal, as terras ainda disponíveis e a importância da ação governamental mostram que teríamos condições de prevenir impactos urbanos negativos, minorar os que foram constatados e construir uma cidade sustentável.

Para atingir esses objetivos, é essencial a construção da cidadania e do cidadão "ecológico" pleno, responsável pela construção do urbano e da sustentabilidade da natureza, o que deve se configurar como um amplo processo de transformação das relações entre sociedade e ambiente. A noção de sujeito "ecológico" pleno indica a possibilidade de mudança no comportamento e na mentalidade das pessoas de modo a construir uma sociedade mais justa, com práticas de conservação e preservação do meio ambiente.

O sujeito "ecológico" pleno valoriza a forma coletiva de pensamento, que gera a união de esforços pela busca de um ideal comum, por intermédio da ação política. Não há um método ou uma técnica a ser seguida – nossa proposta é refletir sobre a complexidade ambiental urbana e permitir que novos atores sociais se mobilizem para a valorização da natureza e da cidade, para um processo articulado e comprometido com a sustentabilidade do planeta e a participação democrática.

REFERENCIAL BIBLIOGRÁFICO

Referencial Bibliográfico

ALIMONDA, H. *Ecologia Política:* naturaleza, sociedad y utopia. Buenos Aires: Alimonda, 2002. 350 p.

AMARAL, L. O. *Brasília, Distrito Federal, Capital Federal.* Disponível em: <http://www.advogados.adv.br/artigos/2001/luizamaral/conceitos.html>. Acesso em: 20 out. 2005.

BECKER, B. K.; EGLER, C. A. G. *Brasil.* uma nova potência regional na economia-mundo. Rio de Janeiro: Bertrand Brasil, 1993. 267 p.

BERGER, L. P.; LUCKMANN, T. *A Construção Social da Realidade.* 24. ed. Rio de Janeiro: Vozes, 2004. 247 p.

BOOF, L. *Ecologia:* grito da terra, grito dos pobres. Rio de Janeiro: Sextante, 2004. 319 p.

BRASIL, Secretaria de Educação Básica. *Orientações Curriculares de Ensino Médio.* Brasília: MEC; SEB, 2004. 399 p.

CARDOSO, M. L. *Ideologia do Desenvolvimento Brasil:* JK-JQ. Rio de Janeiro: Paz e Terra, 1978. 459 p.

CASTELLS, M. *A Sociedade em REDE.* 7. ed. São Paulo: Paz e Terra, 2003, v. 1. 698 p.

CIDADE, L. C. F.; MORAES, L. B. Metropolização, imagem ambiental e identidade de cidade no Distrito Federal. In: **Geografia**, Rio Claro, v. 29, n. 1, p. 21-37, jan/abr.

COELHO, H. C. *Histórico de Regime de Fogo do Parque Nacional de Brasília.* Brasília, 2002. Tese (Mestrado) – Faculdade de Tecnologia, Universidade de Brasília.

Correio Braziliense, Brasília, 15 out. 2004, Caderno Cidades, p. 27.

_____, Brasília, 19 out. 2004, Caderno Cidades, p. 23.

_____, Brasília, 21 abr. 2005, Caderno Especial 45 Brasília, p. 18.

Correio Braziliense, Brasília, 22 ago. 2005, Caderno Cidades, p. 17.

_____, Brasília, 27 ago. 2005, Caderno Cidades, p. 24.

_____, Brasília, 26 set. 2005, Caderno Cidades, p. 17.

_____, Brasília, 24 out. 2005, Caderno Cidades, p. 21.

COSTA, L. *Relatório do Plano Piloto de Lúcio Costa sobre o Plano Piloto de Brasília*. Leituras de Planejamento e Urbanismo. Rio de Janeiro: Instituto Brasileiro de Administração Municipal, 1965. p. 343-354.

COUTINHO, L. M. Ecological effects of fires in Brazilian Cerrado. In: GOLDAMMER, J. G. (ed.) *Fire in Tropical Biota*. Berlin: Springer-Verlag, 1990. p. 82-105.

DIAS, B. F. S.; MIRANDA, A. C.; MIRANDA, H. S. Efeitos de queimadas no microclima de solos de Campos de Cerrado – DF. In: SIMPÓSIO SOBRE O IMPACTO DAS QUEIMADAS SOBRE OS ECOSSISTEMAS E MUDANÇAS GLOBAIS. Congresso de Ecologia do Brasil, Brasília-DF, 1996.

DOLLFUS, O. *O Espaço Geográfico*. 4. ed. São Paulo: Difel, 1982. 121 p.

EPSTEIN, D. *Plan and Reality*. A study of planned and spontaneous urban development. Berkeley: University of California Press, 1973. 206 p.

FARRET, R. L. O Estado, a questão territorial e as bases da implantação de Brasília. In: PAVIANI, A. (org.) *Brasília:* ideologia e realidade. O espaço urbano em questão. São Paulo: Projeto Editores, 1985. p. 17-25.

FERREIRA, I. C. B. O processo de urbanização e a produção do espaço metropolitano de Brasília. In: PAVIANI, A. *Brasília:* ideologia e realidade. O espaço urbano em questão. São Paulo: Projeto Editores, 1985. p. 43-56.

GALBINSKI, J. Competição espacial em Brasília. In: PAVIANI, A. *Urbanização e Metropolização*. A gestão dos conflitos em Brasília. Brasília: Editora UnB, 1987. p. 163-178.

GOVERNO DO DISTRITO FEDERAL; SECRETARIA DE ESTADO DE DESENVOLVIMENTO URBANO E HABITAÇÃO; SUBSECRETARIA DE POLÍTICA URBANA E INFORMAÇÃO. *Modelo de gestão estratégica do território do Distrito Federal*. Brasília, 2004. 176 p.

GOVERNO DO DISTRITO FEDERAL; SECRETARIA DE ESTADO DE DESENVOLVIMENTO URBANO E HABITAÇÃO. *Anuário Estatístico do Distrito Federal 2002*.

GOVERNO DO DISTRITO FEDERAL; COMPANHIA DE DESENVOLVIMENTO DO PLANALTO CENTRAL; SECRETARIA DE DESENVOLVIMENTO SOCIAL. *Relatório da Coordenação de Assentamento do Programa de Assentamento das Populações de Baixa Renda do DF*. Brasília: 1989/90. mimeo

GOLDAMMER, J. G.; CRUTZEN, P. J. Fire in the Environment: scientiific rationale and summary of results of the Dahlem Workshop. In: CRUTZEN, P. J.; GOLDAMMER, J. G. (eds.) *Fire in the Environment:* the ecological, atmospheric, and climatic importance of vegetation fires. London: John Wiley, 1993. p. 1-14.

Grande Enciclopédia Larousse Cultural. São Paulo: Nova Cultural, 1998. 24 v.

GUERRA, A. T.; GUERRA, A. J. T. *Novo Dicionário Geológico* – Geomorfológico. 3. ed. Rio de Janeiro: Bertrand Brasil, 2003. 652 p.

GUIMARÃES, R. P. Desenvolvimento Sustentável: da retórica à formulação de políticas públicas. In: BECHER, B. K.; MIRANDA, M. (org.) *A Geografia Política do Desenvolvimento Sustentável*. Rio de Janeiro: Editora UFRJ, 1997. p. 13-44.

INSTITUTO DE PESQUISA ECONÔMICA APLICADA; UNIVERSIDADE DE SÃO PAULO. *Gestão do uso do solo e disfunções do crescimento urbano*. Volume 1. Instrumentos de planejamento e gestão urbana em aglomerações urbanas: Uma análise comparativa. Brasília, 2002, 212 p.

INSTITUTO DE PESQUISA ECONÔMICA APLICADA; UNIVERSIDADE DE SÃO PAULO (USP) UNIVERSIDADE DE BRASÍLIA; UNIVERSIDADE FEDERAL DO RIO DE JANEIRO. *Gestão do uso do solo e disfunções do crescimento urbano*. Volume 3. Instrumentos de planejamento e gestão urbana: Brasília e Rio de Janeiro. Brasília, 2002, 254 p.

LARCHER, W. *Ecofisiologia Vegetal*. São Carlos: RIMA, 2000. 531 p.

LEFEBVRE, H. *A Revolução Urbana*. Belo Horizonte: Editora UFMG, 2004. 178 p.

LEFF, E. *Epistemologia Ambiental*. 2. ed. São Paulo: Córtex, 2002. 240 p.

MALAGUTTI, C. J. Loteamentos clandestinos no Distrito Federal: caminhos alternativos para a sua aceitação. In: PAVIANI, A (org.) *Brasília – Gestão Urbana:* conflitos e cidadania. Brasília: Editora UnB, 1998. p. 55-84.

MEC. *Parâmetros Curriculares Nacionais*. Brasília, 1998.

MENDONÇA, F. *Geografia e Meio Ambiente*. 7. ed. São Paulo: Contexto, 2004. 80 p.

MISTRY, J. 1998. Decision-making for fire use among farmers in savanas: an exploratory study in the Distrito Federal, central Brazil. *Journal of Environmental Management*. London, v. 54, p. 321-334.

MORAES, A. C. R. *Geografia:* pequena história crítica. 19. ed. São Paulo: Annablume, 2003. 130 p.

MOREIRA, R. *O que é Geografia?* 2. ed. São Paulo: Brasiliense. 113 p.

NUNES, B. F. *Brasília:* a fantasia corporificada. Brasília: Paralelo 15. 178 p.

ODUM, E. P. *Fundamentos de Ecologia*. 6. ed. Lisboa: Fundação Calouste Gulbenkian. 927 p.

OLIVEIRA, J. K. *Porque construí Brasília*. Rio de Janeiro: Bloch Editores, 1974. 370 p.

OLIVEIRA, M. L. P. Contradições e conflitos no espaço de classes: centro versus periferia. In: PAVIANI, A. (org.) *Metropolização e Urbanização*. A gestão dos conflitos em Brasília. Brasília: Editora UnB, 1987. p. 126-144.

_____. O *mercado imobiliário urbano na periferia do Distrito Federal:* um estudo de caso – a Cidade Ocidental. Brasília, 1983. Dissertação (Mestrado em Planejamento Urbano) – Instituto de Arquitetura e Urbanismo – Universidade de Brasília, mimeo.

PAVIANI, A. A metrópole terciária. In PAVIANI, A. (org.) *Brasília, Ideologia e Realidade*. O espaço urbano em questão. São Paulo: Projeto Editores, 1985. p. 57-79.

_____. Gestão do território com exclusão espacial. In: PAVIANI, A. (org.) *Brasília – Gestão Urbana:* conflitos e cidadania. Brasília: Editora UnB, 1999. p. 197-222.

PECHMAN, R. M. *Olhares sobre a Cidade.* Rio de Janeiro: Editora URFJ, 1994.

PELUSO, M. L.; CIDADE, L. C. F. *Urbs e Civitas em Brasília:* um diálogo impossível. *Espaço e Geografia.* Brasília, v. 5, n. 2, 2002. p. 191-222.

PELUSO, M. L. *O morar na constituição subjetiva do espaço urbano.* As representações sociais da moradia na cidade-satélite de Samambaia/DF. São Paulo, 1998. Tese de Doutorado (Programa de Psicologia Social). Pontifícia Universidade Católica de São Paulo, mímeo.

_____. Reflexões sobre ambiente urbano e representações sociais. In: PAVIANI, A.; GOUVÊA, L. A. C. (orgs.) *Brasília:* controvérsias ambientais. Brasília: Editora UnB, 2003. p. 181-196.

PENNA, N. A. Fragmentação do ambiente urbano: crises e contradições. In: PAVIANI, A.; GOUVÊA, L. A. C. (orgs.) *Brasília:* controvérsias ambientais. Brasília: Editora UnB, 2003. p. 57-76.

_____. Plano Piloto de Brasília - Patrimônio Cultural da Humanidade. In: VI ENCONTRO NACIONAL DA ANPEGE, 2005, Fortaleza. *Anais do VI Encontro Nacional da ANPEGE,* Fortaleza: meio digital (CD), p. 1-13.

RAGON, M. *Histoire de l'Architecture et de l'Urbanisme Modernes:* Naissence de la cité moderne 1990-1940. Paris: Casterman, 1986. 339 p.

RAMPAZZO, L. *Metodologia Científica:* para alunos de cursos de graduação e de pós-graduação. São Paulo: Loyola, 2002. 139 p.

REBORATTI, C. *Ambiente y Sociedad:* conceptos y relaciones. Buenos Aires: Ariel, 1999. 225 p.

RIBEIRO, J. F. *Cerrado:* matas de galeria. Planaltina: EMBRAPA-CPAC, 1998. 164 p.

ROMERO, M. A. B. A sustentabilidade do ambiente urbano da capital. In: PAVIANI, A.; GOUVÊA, L. A. C. (orgs.) *Brasília:* controvérsias ambientais. Brasília: Editora UnB, 2003. p. 241-267.

ROSS, J. L. S. *Geomorfologia:* ambiente e planejamento. 7. ed. São Paulo: Contexto, 2003. 84 p.

SALGUEIRO, H. A. *Cidades capitais do Século XX.* São Paulo: Edusp, 2001. 181 p.

SANO, S. M.; ALMEIDA, S. P. *Cerrado:* ambiente e flora. Planaltina: EMBRAPA-CPAC, 1998. 556 p.

SANTOS, M. *Por uma Geografia Nova.* 6. ed. São Paulo: Edusp, 2004. 285 p.

_____. *Espaço e Sociedade.* 2. ed. São Paulo: Vozes, 1982. 152 p.

_____. *Por uma Geografia Nova.* 2. ed. São Paulo: Hucitec, 1980. 236 p.

SILVA, E. *História de Brasília.* Brasília: Coordenada – Editora de Brasília, 1971. 292 p.

SILVEIRA, D. P. F. Gestão territorial do Distrito Federal: trajetórias e tendências. In: PAVIANI, A. (org.) *Brasília – Gestão Urbana:* conflitos e cidadania. Brasília: Editora UnB, 1998. p. 145-166.

SOUSA, N. H. B.; MACHADO, M. S.; JACCOUD, L. B. Taguatinga: uma história candanga. In: PAVIANI, A. (org.) *Brasília:* moradia e exclusão. Brasília: Editora UnB, 1996. p. 53-80.

SOUZA, M. L. *Mudar a Cidade;* uma introdução crítica ao planejamento e à gestão urbanos. 2. ed. Rio de Janeiro: Bertrand Brasil, 2003. 556 p.

STEINBERG, M. Formação do aglomerado urbano de Brasília no contexto nacional e regional. In: PAVIANI, A. (org.). *Brasília – Gestão Urbana:* conflitos e cidadania. Brasília: Editora UnB, 1998. p. 23-54.

_____. Zoneamento Ecológico Econômico: instrumento geoestratégico. In: PAVIANI, A.; GOUVÊA, L. A. C. (orgs.) *Brasília:* controvérsias ambientais. Brasília: Editora UnB, 2003. p. 267-299.

SWASBERG, B. Mudanças e desafios ao planejamento e à gestão territorial: a experiência do Distrito Federal. In: *Espaço e Geografia*, Brasília, ano 2, n. 1, 1999. p. 45-56.

TURNER, F. *O Espírito Ocidental contra a Natureza*. Rio de Janeiro: Campos, 1990.

VARELA, S. *O Candango na Construção de Brasília*. Brasília: edição do autor, 1981. 178 p.

VASCONCELOS, A. *A Mudança da Capital*. Brasília: Edição do autor, 1978. 275 p.

VESENTINI, J. W. *A Capital da Geopolítica*. São Paulo: Ática, 1986. 240 p.

_____. *O Ensino de Geografia no Século XXI*. Campinas: Papirus, 2004. 288 p.

WADA, S.; PELUSO, M. L. *Percepção e Educação Ambiental:* um estudo de caso da cidade de Águas Lindas de Goiás. Brasília, 2003. 110 p. Tese (Mestrado em Geografia) – Departamento de Geografia, Universidade de Brasília.

WANDERLEY, M. N. B. *et al. Reflexões sobre a Agricultura Brasileira*. Rio de Janeiro: Paz e Terra, 1979. 180 p.

WASHINGTON, C. O.; MARÍLIA, L. P.; DEBORA, V. C. M. A noção de cidadania e os impactos sócio-ambientais no espaço urbano. In: URBENVIRON CONGRESS, 1, 2005, Brasília [s.n.], meio digital (CD).

_____. Les incendies de la végétation dans le Parc National du Brasília et leurs conséquences dans l´atmosphère sur l´espace urbain de la Capital bresiliènne. In : COLLOQUE NTERNATIONALE DE CLIMATOLOGIE, 18, 2005, Gênova [s.n.], p. 1-380.

_____. A percepção geográfica do meio como instrumento para a educação ambiental. In: SIMPÓSIO NACIONAL SOBRE GEOGRAFIA, PERCEPÇÃO E COGNIÇÃO DO MEIO AMBIENTE, 1, 2005, Londrina, [s.n.], meio digital (CD).

RR Donnelley

IMPRESSÃO E ACABAMENTO
Av Tucunaré 299 - Tamboré
Cep. 06460.020 - Barueri - SP - Brasil
Tel.: (55-11) 2148 3500 (55-21) 2286 8644
Fax: (55-11) 2148 3701 (55-21) 2286 8844

IMPRESSO EM SISTEMA CTP